MARCO POLO

W0108222

KANALINSELN

JERSEY, GUERNSEY, HERM, SARK, ALDERNEY

Reisen mit Insider Tipps

> Jersey wirkt fast gebirgig, Guernsey ist ein grandioser Garten, Sark erinnert an einen gekenterten Vulkan, Herm ist ein Stück Südsee, Alderney das Aschenputtel mit ganz viel Seele.
> *MARCO POLO Autor*
> *Martin Müller*
> (siehe S. 131)

Spezielle News, Lesermeinungen und Angebote zu den Kanalinseln:
www.marcopolo.de/kanalinseln

KANALINSELN

Cobo Bay
Vale · St. Sampson
Herm
St. Peter-Po
Etacq · St. Martin
Sa

> SYMBOLE

MARCO POLO INSIDER-TIPPS
Von unseren Autoren für Sie entdeckt

★ **MARCO POLO HIGHLIGHTS**
Alles, was Sie auf den Kanalinseln kennen sollten

 **SCHÖNE AUSSICHT**

▶▶ **HIER TRIFFT SICH DIE SZENE**

> PREISKATEGORIEN

HOTELS
€€€ über 180 Euro
€€ 90–180 Euro
€ unter 90 Euro
Preise für ein Doppelzimmer mit Frühstück in der Hauptsaison

RESTAURANTS
€€€ über 25 Euro
€€ 15–25 Euro
€ unter 15 Euro
Preise für ein durchschnittliches Hauptgericht

> KARTEN

[120 A1] Seitenzahlen und Koordinaten für den Reiseatlas Kanalinseln

[U A1] Koordinaten für die Karten St. Helier und St. Peter Port im hinteren Umschlag

Zu Ihrer Orientierung sind auch die Orte mit Koordinaten versehen, die nicht im Reiseatlas eingetragen sind

INHALT

> SZENE

S. 12–15: Trends, Entdeckungen, Hotspots! Was wann wo auf den Kanalinseln los ist, verrät der MARCO POLO Szeneautor vor Ort

> 24 STUNDEN

S. 100/101: Action pur und einmalige Erlebnisse in 24 Stunden! MARCO POLO hat für Sie einen außergewöhnlichen Tag auf Jersey zusammengestellt

> LOW BUDGET

Viel erleben für wenig Geld! Wo Sie zu kleinen Preisen etwas Besonderes genießen und tolle Schnäppchen machen können:

Kostenlose Themenwanderungen: die *Walking Week* auf Jersey S. 39 | *Early bird meals:* Vorabendmenüs für 10–20 Euro auf Guernsey S. 62 | Richtig günstig: Alderneys einziger Campingplatz S. 83 | Die Morgenfähre nach Herm kostet 3 Euro weniger S. 92

> GUT ZU WISSEN

Was war wann? S. 10 | Spezialitäten S. 26 | Blogs & Podcasts S. 47 | Bücher & Filme S. 53 | Forts und Türme S. 55 | Flower-Power S. 64 | Schöne Scheine S. 110

AUF DEM TITEL
Shell Beach: Karibikfeeling auf Herm S. 90 Gaumenkitzel auf Jersey S. 13

ENTDECKEN SIE DIE KANALINSELN!

Unsere Top 15 führen Sie an die traumhaftesten Orte und zu den spannendsten Sehenswürdigkeiten

Die Highlights sind in der Karte auf dem hinteren Umschlag eingetragen

 St. Ouen's Bay
Jerseys wilder Westen: Hinter dem endlosen Surferstrand lockt das Dünennaturschutzgebiet Les Mielles (Seite 36)

 La Mare Wine Estate
Der Golfstrom machts möglich: Das einzige Weingut auf den Kanalinseln keltert im Norden Jerseys und kocht eine traditionelle Apfelpaste ein (Seite 38)

St. Brelade's Parish Church and Fishermen's Chapel
Über Jerseys beliebtester Badebucht: ein alter Friedhof, Kirchenfenster im Farbenrausch und mittelalterliche Fresken in der angrenzenden Kapelle (Seite 46)

 Beresford Fish Market
Meerespuzzle auf dem Präsentierteller: der Fischmarkt in Jerseys Metropole St. Helier (Seite 50)

 La Hougue Bie
Das Ensemble aus Megalithgrab, Kapelle, archäologischem und Besatzungsmuseum erweckt 5500 Jahre Jerseygeschichte zum Leben (Seite 55)

 Moulin Huet Bay
Eines der schönsten Bilder von Auguste Renoir entstand in dieser malerischen Bucht auf Guernsey (Seite 60)

 Cobo Bay
Guernseys Westcoastfeeling: die schönsten Sonnenuntergänge der Insel (Seite 67)

> DIE BESTEN MARCO POLO HIGHLIGHTS

 Dolmen Le Déhus
Ein Fenster zur vergangenen Welt: Das alte Ganggrab auf Guernsey ist ein Ort der Rätsel und Mythen (Seite 68)

 St. Peter Port
Die Hauptstadt von Guernsey besticht als aparte Mischung aus England und Frankreich (Seite 70)

Hauteville House
Er liebte Guernsey und sein Domizil über dem Meer: die weiße Villa des großen Victor Hugo (Seite 73)

Wildlife Trust Bunker
Aus Schießscharten werden Flugschauplätze: Seevögelmanöver auf Alderney vom alten Wehrmachtsbunker aus beobachten (Seite 83)

 Kneipenbummel
Torkeltour auf Kopfsteinpflaster: Auf Alderney gehört eine Kneipentour einfach dazu (Seite 85)

 Shell Beach
Muschelsucher finden auf Herm das exotischste Strandgut (Seite 90)

 La Coupée
Balanceakt zwischen Meer und Himmel: der schwindeln machende Brückendamm auf Sark – „Radfahrer absteigen!" heißt es hier nicht von ungefähr (Seite 91)

 La Seigneurie
Sinnenrausch für Pflanzen- und Blumenfreunde: der Ein-Mann-Regierungssitz auf Sark (Seite 92)

WAS FÜR INSELN!

Portelet Bay auf Jersey

> Fünf Inseln – fünf Temperamente: von charmant bis trutzig. Jersey, Guernsey, Alderney, Sark und Herm locken im milden Ärmelkanal wie anziehende Oasen, nicht nur für scheue Geldanlagen. Die Eilande laden ein zum Inselhüpfen. Feine Strände kommen und gehen im Rhythmus der schwindelerregenden Gezeiten. Auf Klippen und in Gärten sprießt es fast schon subtropisch. Man spricht Englisch und schmaust Französisch. Und zwischen den Mahlzeiten bieten Panoramastrecken längs der weiten Küsten Laufstege für Wanderer, während im Herzen der Inselminiaturen die Radler Vorfahrt im engen Kurvenlabyrinth genießen.

> „Ein Stück Frankreich, das ins Meer gefallen ist und von England aufgesammelt wurde", so beschrieb der französische Schriftsteller Victor Hugo die kleine Inselgruppe, auf der er im 19. Jh. im Exil weilte und bei gutem Wetter bis in seine Heimat Frankreich blicken konnte. Heute verbinden die Kanalinseln Savoir-vivre und britische Eleganz, Gartenkunst aus England und die Küche aus Frankreich – vielleicht Europas schönste Mischung.

Fünf Inseln kuscheln sich in den Golf von St-Malo. Früher hießen sie die Normannischen Inseln, denn sie wurden vor rund 8000 Jahren von der Halbinsel Cotentin in der Normandie abgetrennt. Geografisch liegen sie näher an Frankreich, Alderney ist gerade 13 km von der Grande Nation entfernt, bis zur südenglischen Küste sind es dagegen 90 km Meer.

Lange war das Archipel ein Zankapfel der Nationen, heute mischen sich die kulturellen und sprachlichen Besonderheiten; französische Namen zieren Straßenschilder, werden aber englisch ausgesprochen. Ein blütenreicher Mix ist auch die Flora: Mediterranes und Subtropisches trifft auf die Artenvielfalt Mitteleuropas, verwöhnt vom milden Golfstromklima – hier gedeihen 1500 wild wachsende Pflanzenarten. Die Channel Islands gehören zu den letzten Paradiesen und besitzen einen Sonderstatus. Zusammen mit 197 km^2 kaum größer als Fehmarn, unterstehen sie nicht

> ### Der Golfstrom lässt 1500 Pflanzenarten gedeihen

London, werden weder von Premier noch Parlament regiert, sondern besitzen eigene Gesetze und Gerichtsbarkeit.

Eine wechselvolle Historie hängt den Eilanden nach – heute noch sind die Spuren der deutschen Besatzung während des Zweiten Weltkriegs er-

Die Blütenpracht auf den Inseln ist betörend, ob in gepflegten Gärten oder in freier Natur

kennbar. 484 000 m^3 Stahlbeton verbauten die Deutschen, um sich auf den Kanalinseln zu verschanzen. Guernsey, Jersey und Alderney wurden kurzerhand Gustav, Jakob und Abel genannt – das sprach sich einfacher. Tunnelsysteme, Bunkeranlagen, Forts und Wachtürme aus Beton erinnern an diese Zeit. Viele sind heute in Museen oder Gedenkstätten verwandelt.

Ihnen steht eine zauberhafte Inselkulisse entgegen: türkisfarbenes Meer, steile Klippen, der mit 12 m zweithöchste Tidenhub der Welt, von Ginster bewachsene Pfade, feinsandige Strände und Blütenteppiche. Osterglocken strahlen am Straßenrand, Hortensien leuchten in den Gärten, Mimosen, Kamelien und Rosen ranken sich stilvoll über alte Gemäuer.

Die Architektur begeistert Liebhaber der britischen Lebensart: Hinter

Buchsbaumhecken verbergen sich imposante Herrenhäuser im viktorianischen oder im Tudorstil. Backsteinfarbene Farmhäuser durchziehen das Landesinnere, die Gärten sind verträumt und die Straßen so schmal, dass Autofahren durch diese Miniaturen nervenaufreibend sein kann.

Fünf Inseln: verschieden, eigen, jede ein individuelles Paradies. Rund 90 000 Ew. zählt Jersey, die mit 116 km^2 größte Insel. Weiße Folien überspannen ganze Felder, Äcker und Gärten sind säuberlich wie mit dem Lineal voneinander getrennt.

> **> Ginsterpfade, Sandstrände und Blütenteppiche**

Dazwischen blaue Tupfen: Swimmingpools in den parkartigen Gärten alter Villen. Skurriles ist Alltag in diesem elitären Inselreich – so die Geschichte des Sammlers, der in seinem Castle einen durchsichtigen Boden verlegen ließ, um seine Oldtimer stets im Blick zu behalten …

Zwischen den Geschäften und Gassen befinden sich zahlreiche Bankinstitute. Die Kanalinseln sind für Vermögende in einem Atemzug mit Monaco oder Liechtenstein zu nennen: Es sind Steuerparadiese. Finanzdienstleistungen haben auf dem Archipel Tourismus und Landwirtschaft mittlerweile als wichtigste Einnahmequelle abgelöst und erbringen bis zu 50 Prozent der Einnahmen.

Immer wieder stößt man auch auf die Spuren alter Kulturen: 1968 wurde

WAS WAR WANN?

um 4000 v. Chr. Ganggräber bezeugen erste Besiedlung

50 v. Chr. Die Römer besetzen die Inseln, nutzen sie als Handelsstützpunkt

ab 538 n. Chr. Christianisierung

933 Die Inseln werden Teil der Normandie

1066 Wilhelm der Eroberer gewinnt die Schlacht bei Hastings. Die Kanalinseln fallen ans anglonormannische Reich

1204 König Johann verliert die Normandie an Frankreich, die Inseln bleiben Vorposten Englands

1598 Die Freibeuterei gegenüber französischen Schiffen wird legalisiert. Wohlstand breitet sich aus

ab 1790 Neu errichtete Martellotürme sollen die Inseln vor französischen Angriffen schützen

1852 Victor Hugo flieht vor Napoleon III. aus Frankreich und findet Exil auf Jersey, ab 1855 auf Guernsey

1883 Auguste Renoir besucht die Kanalinseln, malt Skizzen und 18 Ölbilder

1935 Alderney öffnet sich dem Luftverkehr mit dem ersten Flughafen. Jersey folgt 1937, Guernsey zwei Jahre später

1940 Deutsche Truppen besetzen die Inseln, bauen den Atlantikwall aus

1945 Am 9. Mai werden die Inseln von der deutschen Besetzung befreit

1973 Die Inseln gehören nach dem EG-Beitritt Großbritanniens zum Zollgebiet der EU, sind aber selbst nicht Mitglied der EU

2008 Auf Sark finden erstmals demokratische Wahlen statt

eine Höhle in der St. Brelade's Bay auf Jersey entdeckt. Selbst Prince Charles schwang damals den Spaten, um unversehrte Mammut- und Rhinozeroknochen freizulegen. Die ersten Besiedler Jerseys hatten die Tiere über die Felsen getrieben – eine Jagdmethode lange bevor es das Schießpulver gab.

Auch alte Menhire, Dolmen und Ganggräber finden sich auf den Inseln. Magische Orte, die zum Teil um 3500 v. Chr. angelegt wurden. Auf Guernsey gibt das Ganggrab Le Déhus den Forschern Rätsel auf. War es ein ritueller Platz, an dem man die Toten bestattete? Mysteriös blieb vieles in dieser kleinen Märchenwelt, der mit gut 64 km² zweitgrößten Insel im Kanal. Mit St. Peter Port darf sich Guernsey der apartesten Hauptstadt rühmen, muss aber auch das Hinterland nicht verstecken. Gärten mit Rhabarber und weißem Baldrian reichen bis ans Meer. Bucklige Steincottages, vor denen wächserne Kamelien blühen, könnten Kulisse für einen Miss-Marple-Film sein.

Sind Sie über die Klippenpfade von Guernsey gewandert, haben sich treiben lassen durch die malerischen Buchten, die schon Auguste Renoir inspirierten, ist es Zeit für eine Robinsonade: Herm, die mit 2 km² kleinste Kanalinsel 20 Fährminuten von Guernsey, ist ein Strandparadies – und das bedeutet Relaxen pur, an den karibikgleichen Stränden, in dem noblen Hotel oder in Apartments und Cottages: ein perfektes Hideaway für müde Städterseelen – ohne Autos, Lärm und Luftverschmutzung.

Fehlt noch ein kleines Königreich – per Pferdekutsche und Fahrrad geht

> **Skurriles ist Alltag in diesem elitären Inselreich**

es über Sark. Noch ist es der letzte Feudalstaat Europas. Seit dem 16. Jh.

immer einen guten Grund für Alderney, heißt es: Die einen suchen Ruhe, die anderen laufen vor jemandem weg – vor ihrer Frau, vor ihrer ehemaligen Frau oder vorm Finanzamt.

Wen wundert es da, dass auch Wesen mit Knopfaugen und Nasen wie

La Coupée: Der Naturdamm auf Sark lockt zu einer spektakulären Gratwanderung im Wortsinn

wird die 5 km² kleine Insel in Erbfolge von einem Seigneur regiert. Vieles mutet noch an wie aus damaliger Zeit: Es gibt ein kleines Gefängnis, aber keine Insassen, keine Straßenbeleuchtung – dafür ein wunderbares Sternenfirmament … Und ein paar Steinwürfe weiter: Alderney. Die nördlichste der Inseln, knapp 8 km² groß, ist klimatisch rau, jedenfalls für hiesige Verhältnisse. Es gibt

Feldstechern hier Unterschlupf fanden? Die Wombles, die unvergessenen Kinderbuchgestalten von Elisabeth Beresford, leben mit ihrer Erschafferin einträglich auf Alderney, der Insel, auf der einiges anders ist als auf den anderen vier Inseln im Ärmelkanal. Und auf denen ist ja auch schon so manches anders als sonstwo auf der Welt – Sie müssen es nur entdecken!

▶▶ TREND GUIDE KANALINSELN

Die heißesten Entdeckungen und Hotspots! Unser Szene-Scout zeigt Ihnen, was angesagt ist

Claire Gaudion

Die Modedesignerin ist auf der Kanalinsel Guernsey geboren und aufgewachsen und kennt das Eiland in- und auswendig. Unser Szene-Scout sucht bei ihren Streifzügen durch St. Peter Port regelmäßig nach den neuesten Trends und sieht die Nachbarinsel Jersey als Zweitwohnsitz. Sie liebt die aktive Mode- und Kunstszene, die Küsten mit ihren Sandstränden und die rauen Klippen.

▶▶ FUNKY MUSIK

Alternative Beats

Die Undergroundszene erlebt ihren zweiten Frühling, und die Bands versetzen Musikfans mit einer Mischung aus Elektrofunk und Indie in Verzückung. Die Gruppe *Gay Army (www.gayarmy.co.uk,* Foto) aus St. Peter Port versteht sich musikalisch auf Elektronik-Post-Punk und ist für ihre energiegeladenen Livekonzerte bekannt. Auf Entertainment setzen auch *The Bensons (www.meetthebensons.com).*

Ihr Sound aus melodischem Pop und funkigen Beats wird auf der Bühne optisch ausgereizt. Bei ihren Auftritten kostümieren sie sich gerne mal als Mumien, Zombies oder Cowboys. Immer up to date in Sachen Inselsound ist der Independent-Plattenladen und Musikshop *Seedee Jons (Powerhouse Retail Park, Queens Road, St. Helier, Jersey, www.seedeejons.com).* Dance- und Undergroundfans finden die passende Scheibe bei *White Label Records (4 Colomberie, St. Helier, Jersey, www.whitelabelrecords.co.uk).*

SZENE

▶▶ BODYBOARDING

Mit vollem Körpereinsatz

Surfen, die Königsdisziplin der Wellenreiter, hat Konkurrenz bekommen. Denn Bodyboarding feiert ein Revival. Dabei schmeißt man sich mit vollem Körpereinsatz auf Miniboards in die Wellen! Profi Colin Crowther kennt die besten Strände vor Jersey und verrät sein Know-how und die besten Bodyboarding-Spots (z. B. *Stinky Bay* oder *Grève de Lecq, www.jerseybodyboarding.com,* Foto). Lernen, wie es geht, kann man bei der *Channel Islands Surf Company (Seaflight, La Rue de L'Église, St. Peter, Jersey, www.cisurf.com)*. Ausrüstung und aktuellsten Surferklatsch gibts im *The Surf Shop (Gillingham Pools, Portinfer Coast Road, Vale, Guernsey)* und im *Laneez (neben der St. Ouen's Bay, St. Brelade, Jersey, www.thebeachjersey.com/laneez/shop.html)*.

▶▶ INSELKÜCHE

Triumph der jungen Wilden

Die Kanalinseln sind bekannt für ausgezeichnete Küche. Aktueller Trend: Crossover aus pazifischen Gerichten und Lifestyle-Essen, Haute Cuisine gemixt mit Ethnoküche und Aromen aus aller Welt. Im *Cyrano's Restaurant (Kensington Place, St. Helier, Jersey, www.cyranos.co.uk)* kreiert der selbst ernannte Kochpirat Danny Moisan innovative Fusion-Menüs mit Wellnessfaktor. Tipp: auf Kieselsteinen gegartes Rinderfilet mit Limone! Im *Waves by the Sea (Victoria Avenue, St. Lawrence, Jersey, www.wavesbythesea.co.uk)* wird der Geschmacksmix auf die Spitze getrieben: karamellisierte Cannelloni mit Walnuss und Roquefort gefüllt oder Seebarsch mit Pernodspinat. Ebenfalls hitverdächtig ist der Blick übers Meer. Hotspot auf Guernsey ist *The Farmhouse (Bas Courtils, St. Saviour, www.thefarmhouse.gg)*, wo kreative Köche Aromen verschmelzen lassen. Unbedingt den Huhn-Pfeffer-Kebab mit Erdnuss-Knoblauch-Chutney probieren!

▶▶ EN VOGUE

Mode von der Insel

Die Kreativen stehen ihren Kollegen auf dem Festland in nichts nach. Dem lockeren Inselstyle hat sich u. a. die junge Marke *Little Green Rock (Cloud 9, St. Ouen, www. littlegreenrock.com)* mit der Fashionlinie *Bamboo* verschrieben. Sie überzeugt mit Sport- und Outdoorkleidung, hergestellt aus ökologisch unbedenklichen, nachwachsenden Bambusfasern. Passende Accessoires dazu gibts bei *Parisma*. Die bunten Handtaschen der Firma aus Jersey sind das Must-Have (über *www.parisma.co.uk*). Tradition im Mix mit weltoffener Modernität – in diesem Sinn lässt sich die Newcomerin *Claire Gaudion (www.claire gaudion.co.uk,* Foto) von der kosmopolitischen Atmosphäre der Insel Guernsey inspirieren. Innovativ, tragbar und garantiert keine Stangenware. Bislang sind ihre Kreationen nur über ihre Internetseite zu bekommen.

▶▶ KUNST-HOCHBURG

Am Puls der Zeit

Jung, kreativ und vernetzt präsentiert sich die Künstlerszene. Das *International Artist in Residence Programme (www.iairp.com)* bringt in Zusammenarbeit mit Ateliers und Kultureinrichtungen auf dem Festland die lokale Szene einem größeren Publikum näher. Hierzu zählen z. B. die Installation des

Briten Antony Gormley am Castle Cornet *(Grange House, St. John Street, St. Peter Port, Guernsey,* Foto). Ein weiterer Schwerpunkt liegt auf innovativen und gegenwartsbezogenen Projekten wie Comicdesign und Graffiti. So erfand Comiczeichner Mark Johnson in *Sid of the Sanddunes (www.rexcomics.co.uk)* den Charakter einer Eidechse, die als Superheld mit geheimer Identität in den Dünen der Insel das Böse bekämpft. Kunst und Unterhaltung vereint das *Readers Wives Collective (www.myspace.com/readerswivescollective).* Die Band macht Musik und betreibt eine Galerie *(Center Folds Gallery, Trinity Square Centre, Trinity Square, St. Peter Port),* in der Graffiti und Streetart ausgestellt werden.

▶▶ GO GREEN

Alles für die Umwelt

Immer mehr Umweltprojekte und Organisationen werden auf den Kanalinseln aktiv. *Green Legacy Guernsey (Queux Patio Centre, Rue de Preel, Castel, www.greenlegacyguern sey.org,* Foto) will mit der Pflanzung von einheimischen Bäumen das Ökosystem der Insel erhalten, und die *Guernsey Conservation Volunteers (www.gcv.org.uk)* leisten mit freiwilligen Helfern Landschaftspflege zum Nulltarif. So viel Engagement wurde bereits mit dem *Keep Guernsey Green Award* belohnt. *Eco-Active (Howard Davis Farm, Trinity Hill, Trinity, Jersey, www.eco-active.je)* klärt Inselbewohner über Möglichkeiten zum Energiesparen und Umweltschutz auf.

▶▶ AUGENSCHMAUS

Ein Fest für Cineasten

Nicht nur ausländische Produktionsfirmen nutzen die traumhaften Kulissen der Insel. Neben dem *Jersey International Film Festival (www.branchagefestival.com)* werden auf dem *Guernsey Lily Non-Commercial Film Festival (z. B. im La Villette Hotel, St. Martin, www.guernseylily.com)* auch Low-Budget-Produktionen gezeigt. Inselcineasten treffen sich zum *CinéGuernsey (Candie Gardens, St. Peter Port, www.cineguernsey.com)* im Programmkino *Frossard Theatre* des *Candie Museums. Fortress Island Films (Highland Farm, St. Lawrence, Jersey, www.fortressislandfilms.com,* Foto*)* versorgt Teams aus aller Welt mit Equipment und dem Know-how für die besten Locations.

▶▶ HOCHZEITSPARADIES

Ja, ich will!

Die Inseln sind eines der angesagtesten Ziele in puncto Edelhochzeit, und die Dichte der Weddingplaner nimmt stetig zu. Gefeiert wird im großen Stil, und Profis wie *The Wedding Fairy (St. Peter Port, Guernsey, www.guernseyweddingfairy.co.uk)* kümmern sich um Blumen, Torte, Probedinner und Co. Junggesellenabschiede der anderen Art gibts bei *Eventure Limited (St. Peter Port, Guernsey, www.eventureonline.com).* Das *Grand Prix Race Meeting* zählt zu den Favoriten für die *Stag and Hen Events.* Die Traumlocation mit Blick übers Meer: der Harry Bound Room im *Les Cotils (Christian Retreat and Conference Centre, St. Peter Port, Guernsey, www.lescotils.com).*

Martellotürme und Wehrmachtsbunker zeugen von der nicht immer friedlichen Geschichte der Channel Islands

CHANNEL

Der Ärmelkanal ist eigentlich keine Badewanne. Im Sommer müssen sich Schwimmer mit Wassertemperaturen von maximal 17 bis 19 Grad begnügen. Zweimal täglich fließt jedoch das Wasser ab, als hätte jemand den Stopfen rausgezogen. Ein Tidenhub von 10 bis 12 m sorgt für klare Badezeiten und sich ständig dramatisch verändernde Landschaften. Jersey gewinnt bei Ebbe etwa 40 Prozent an Fläche hinzu, besonders im Süden. Buchten und breite Sandstrände kommen und gehen, was besonders für Strandspaziergänger und Höhlenforscher potenziell gefährlich ist. Yachten liegen stundenlang auf dem Trockenen. Fischer ziehen ihre Boote mit Traktoren auf den Strand hoch und parken sie an einer haushohen Ufermauer. Wenn große Teile der Küsten vom Atlantik Urlaub machen,

Bild: Garten der Seigneurie auf Sark

STICH WORTE

kann es wenig weiter draußen durchaus hoch hergehen. Bei Alderney sind Strömungsgeschwindigkeiten von zwölf Knoten gemessen worden. Deshalb ist nicht nur für Yacht- und Sportbootfahrer höchste Aufmerksamkeit angesagt. Auch für die Schifffahrt sind die Gewässer des Golfe de St-Malo, in dem die Inseln vor der französischen Küste liegen, ein tückisches Fahrwasser. Früher profitierten die Insulaner von den zerschellenden Seglern, weil sie deren Ladung dann nur noch von den Felsen aufklauben mussten. Bis heute entdeckt man immer noch Wracks im Gewässer vor den Inseln.

DEUTSCHE BESATZUNG

Die Flughäfen auf den Kanalinseln existierten erst wenige Jahre, als zwischen dem 30. Juni und dem 3. Juli 1940 die deutsche Luftwaffe auf den unbewaffneten Inseln landete. Nur Tage zuvor hatten sich Tausende In-

Jerseykuh: Ihre *cream* ist erste Sahne

sulaner bereits abgesetzt. Zunächst hatten die Deutschen Kartoffellaster bombardiert und einige Zivilisten getötet, um sich der Verteidigungsunfähigkeit der Inseln zu versichern. Am 1. Juli entstieg auf Jersey ein Flieger seiner Maschine, schritt zu einem Telegrafenamt und teilte dem Bailiff, einer Art Inselvorsteher, telefonisch die Besetzung der Insel mit. Fast fünf Jahre blieben die Deutschen und drückten dem einzigen je von ihnen besetzten englischen Territorium einen teilweise bis heute sichtbaren Stempel auf. Ortsnamen wurden eingedeutscht, deutsche Straßenschilder aufgestellt, im Kino lief fortan die Wochenschau. Die Inselzeitung wurde zensiert, was die Insulaner aber schon mal mit Hilfe von absichtlichen Rechtschreibfehlern als Code unterliefen. Man arrangierte sich, so gut es ging, kollaborierte ein wenig und musste einen erneuten Aderlass verkraften, als Ende 1942 gut 2000 auf den Inseln lebende Engländer nach Süddeutschland deportiert wurden. Die Ankunft von Hitlers Bausoldaten und Tausender Zwangsarbeiter bedeutete dann den tiefsten Einschnitt ins Inselleben. Eine halbe Mio. m^3 Beton wurde zu Wällen, Tunnels, Türmen und Bunkern verbaut, wobei viele der mitteleuropäischen, slawischen und afrikanischen Arbeiter starben. Auf dem entvölkerten Alderney wurden drei Arbeitslager namens Helgoland, Borkum und Norderney von der SS geführt. Die Bunker und die viktorianischen Forts aus dem 19. Jh. machten Alderney zu einer der am stärksten befestigten Inseln weltweit, die nie ernsthaft angegriffen wurde.

FAUNA UND FLORA

Pflanzenliebhaber kommen am besten im April/Mai her: Dann explodiert die Inselwelt zu einem pflanzlichen Farbenrausch, der bis in den Herbst hinein zu immer neuen Farbteppichen mutiert. An den Küsten erwacht ein fußhoch blühendes Allerlei, das Inselinnere zieht mit blühenden Hecken und Gärten nach. Azaleen, Hyazinthen, Primeln, Orchideen, Schlehen, Rosen, Hortensien und viele mehr fügen sich zu einem impressionistischen Gesamtgemälde. Darüber schweben die Seevögel: Möwen aller Art, Tölpel, Kormorane und sogar einige Hundert Papageitaucher erscheinen ab Mitte Mai zum Nisten. In den kleinen Waldstücken, auf den winzigen Hochplateaus Jerseys und in privaten Gärten tummeln sich Singvögel wie Provencegrasmücke und Schwarzkehlchen. Tipp: Ein Bestimmungsbuch und ein Fernglas mitnehmen – und nicht erschrecken, wenn Sie plötzlich einen braunen Riesen vor der Linse haben: Das sind die schönen Jerseyrinder, die mit ihrer fetten Milch für die köstliche, vanillegelbe Sahne der Inseln sorgen.

KÜNSTLER UND LITERATEN

„Es gibt nichts Erfreulicheres, als bei den Wanderungen zwischen den Felsen auf ein paar Mädchen zu treffen, die sich gerade zum Baden umkleiden und die, obwohl sie Engländerinnen sind, nicht sehr erschreckt reagieren." So schwärmte Auguste Renoir über die weiblichen und landschaftlichen Reize der Inseln. Renoir verbrachte 1883 einen künstlerisch produktiven Sommer auf Jersey und Guernsey und schuf dabei 18 Gemälde.

Inspiriert von den Inseln waren auch andere Künstler und Literaten. Angefangen beim großen Victor Hugo, der über sein Exil schrieb: „Ich muss es schon zugeben: Ich liebe das Exil ganz entschieden. Keine Besucher zu empfangen, keine Besuche zu erwidern, das Glück, allein zu sein." Ganz allein war er indes nicht, Freunde und Verehrer vom Festland wurden oft in seiner weißen Villa hoch über St. Peter Port empfangen.

Zur gleichen Zeit war auch Lillie Langtry auf Jersey berühmt. Selbst zwar nicht künstlerisch schaffend, war die Inselschönheit mit ihrer Haut wie Milch und dem Haar wie Kupfer die geborene Muse. Lillie gelang der Sprung in die Londoner Gesellschaft, sie wurde Mätresse des Prince of Wales, pflegte eine Freundschaft mit Oscar Wilde und hatte gleich mehrere Romanzen. Berühmt wurde ein Porträt des Malers John Everett Mil-

Lebemann und Poet – auf Guernsey fand Victor Hugo ein Exil mit Stil

lais, der sie mit einer Lilie in der Hand malte und das Bild „Jersey Lily" nannte – ein Name, der ihr gefiel und den sie sich kurzerhand zulegte.

MARTELLOTÜRME

Die Inseln weisen eine große Zahl an Befestigungen auf – namentlich Alderney mit seinen viktorianischen

Korsika eine lächerliche Figur machten, weil ihnen eine Turmbesatzung fast den Schlachtsieg gekostet hatte, übernahmen sie recht exakt die Bauweise dieser Türme auch für die Kanalinseln. Schon Jahre zuvor hatte man ähnliche Rundbauten an den Inselküsten errichtet, um sich vor französischer Invasion zu schützen. Diese Türme waren auch rund, hatten

Den charakteristischen Martellotürmen begegnen Sie immer wieder

Forts und den deutschen Bunkern. Nichts davon wirkt aber heute so romantisch wie die Martellotürme, die überall die Küsten überragen. Im späten 18. Jh. boten Türme die beste strategische Möglichkeit, verwundbare Küsten zu verteidigen, vor allem, weil sich auf dem Meer kein Angreifer verstecken konnte. Als die Engländer an der Punta Martello auf

rundum Schießscharten und ganz zuoberst eine Kanone. Man konnte den Leiterzugang einziehen und war so für Angreifer ein kaum zu eroberndes Ziel.

SPRACHE

Auf Inseln erhält sich manches länger als auf dem Festland. Die Chan-

> *www.marcopolo.de/kanalinseln*

nel Islands sind eine Art Sprachlabor für die Idiome Englisch und Französisch, die hüben und drüben gesprochen werden. In den letzten knapp 1000 Jahren wechselten die Insulaner vom Englischen ins Französische und schließlich wieder ins Englische – geschichtsbedingt. Das normannische Französisch, das *patois,* war lange Zeit die Inselsprache und geriet den Zungen der einzelnen Eilande immer etwas unterschiedlich – Inseldialekte bildeten sich aus. Davor muss kein Besucher heute mehr zurückschrecken, die Mitnahme eines englischen Wörterbuchs reicht völlig aus. Viele der örtlichen Bezeichnungen und Gehöftnamen sind weiterhin französisch, was man ihnen aber kaum noch anhört, denn die englische Zunge verhakt sich in französisch Geschriebenem. Im Jersey Museum kann man dem alten Dialekt vom Tonband lauschen.

STEUEROASE

Dass die Kanalinseln Menschen mit sehr spezifischen Interessen anziehen, merkt man schon beim Anfliegen von London: So viele distinguierte Menschen in der Uniform der internationalen Finanzwelt fliegen nicht täglich nach Jersey und Guernsey, nur um dort gemeinsam Urlaub zu machen. Die Touristen sind klar in der Minderheit, denn seit den Sechzigerjahren haben sich die Kanalinseln zu einer internationalen Urlaubsoase für Geld gemausert, das vom Staat und seinen Handlangern in Ruhe gelassen werden mag. Andernorts übliche Steuern entfallen beim sogenannten Offshorebanking. Das Geld wird hinter wenig auffälligen Türen, deren blitzende Namensschilder die Namen von etwa 50 Banken allein auf Jersey verraten, von Finanzmanagern verwaltet.

Wenn nun der Firmenbesitzer Dagobert Duck stinkreich ist, muss er aber noch lange nicht bei seinem Geld wohnen. Das tun ja die Steuer- und Finanzexperten, die sich gemeinsam mit dem eintrudelnden Geld einnisteten, sowie einige Insulaner, die vom Melkschemel auf den Bürosessel umzogen – und dabei auch einen schönen Verdienst haben, denn sie zahlen nur 20 Prozent Einkommenssteuer. Und es ist noch etwas mehr drin für die Inseln: Dagobert Duck wird einen Bewohner von Sark zu seinem Firmendirektor gemacht haben, auch wenn der schon Dutzende Pöstchen dieser Art ausfüllt. Gibt es eine Duck-Stiftung, so wird deren Vermögen gerne auf Guernsey verwaltet. Bleiben die Anlagefonds für Jersey übrig.

Das tolle Geldgeschäft konnten sich die Insulaner nur ausdenken, weil sie von Großbritannien und der EU einigermaßen abgenabelt sind. Weil die Konkurrenz der anderen Steueroasen nicht schläft, mussten die Inseln sich gerade wieder dem Wettbewerb ums Geld anpassen. Die Staatsabgaben für Banken und Versicherungen werden noch mal gemindert, weshalb jetzt die normalen Steuerzahler mehr entrichten müssen. Guernsey will in die Zukunft wohl über höhere Sozialabgaben regeln, während Jersey 2008 eine dreiprozentige Mehrwertsteuer einführte. Der finanzielle Balanceakt im Kanal wird komplizierter.

SEAFOOD UND „BLUMENSCHLACHT"

Festivals für Genießer und Gartenfeste für Grünenthusiasten

▓ FEIERTAGE ▓

1. Jan. *New Year;* **Karfreitag** *(Good Friday);* **Ostermontag** *(Easter Monday);* **erster Montag im Mai** *(Labour Day);* **9. Mai** *(Liberation Day);* **letzter Montag im Mai** *(Spring Bank Holiday);* **letzter** (auf Alderney: erster) **Montag im August** *(Summer Bank Holiday);* **25. Dez.** *(Christmas);* **26. Dez.** *(Boxing Day)*

▓ FESTE UND VERANSTALTUNGEN ▓

April

Sonntags und mittwochs sind Orchideenwanderungen auf Guernsey angesagt *(www.floralguernsey.gg)*, auf Herm führt der Gärtner einmal wöchentlich durch die Gärten.
Guernsey bietet spezielle Frühjahr-Food-Events in etlichen Restaurants *(www. goodfoodguernsey.gg)*.

April–September

Insider Tipp Auf Jersey öffnen sich sonntags Privatgärten für Besucher *(www.jersey.com/floral)*.

Mai

Auf Guernsey wird der *Liberation Day* am 9. Mai mit allerlei Umzügen und Unterhaltungsangeboten gefeiert.
Die *Jersey Walking Week* Mitte Mai ist ein achttägiges Wanderfestival mit einer Vielzahl geführter Wanderungen zu verschiedenen Themen. *www.jersey. com/walking*
Beim *Seafood Festival* auf Alderney Mitte Mai gibt es Hummer, Krebse, Austern körbeweise.

Juni

An einem Wochenende zeigen Farmer und Gärtner ihre Produkte während der *Sark Midsummer Show.*
Mitte Juni trifft sich die Wandererszene zum ▶▶ *Itex Walk,* einer Umwanderung Jerseys für wohltätige Zwecke. *www. itexwalk.je*

Juli

Ganz im Zeichen der Meeresköstlichkeiten steht das *Seafood-Festival* auf Guernsey.

Aktuelle Events weltweit auf www.marcopolo.de/events

Eine Woche lang geht das *Floral Guernsey Festival. www.floralguernsey.gg* Mitte Juli lockt *Jersey in Bloom* mit Gartenexpeditionen und Themenspaziergängen. *www.jersey.com/floral* In der letzten Juliwoche findet auf Guernsey in St. Peter Port *La Fête de Musique à la Ville* mit Musik, Straßenkarneval und Feuerwerk statt.

August

Die *Alderney Week* Anfang August ist ein witziger Karneval mit mehr als 100 Events.

Bei der *Hamptonne Fair* Anfang August auf Jersey erleben Sie altes Handwerk und traditionelle Spiele.

Highlight des Jahres ist die ⭐ *Battle of Flowers* am zweiten Donnerstag auf Jersey – die Wagen sind mit einem Meer von Blüten überzogen. Die ==Moonlight Parade== am folgenden Abend ist ein Sommernachtstraum mit illuminierten Festwagen. *www.battleofflowers.com*

Insider Tipp

Den *Water Carnival* in der Monatsmitte am alten Hafen von Sark prägen witzige Wettbewerbe und ein Unterhaltungsprogramm.

September

International Air Display (www.jersey airdisplay.org.uk): Mitte September eine der größten Flugschauen in Europa, an der viele historische Maschinen teilnehmen. Ähnlich ist die *Aviation Week (www. guernseyaviationweek.org.gg)* von Guernsey Anfang des Monats. Klassische und andere Musiksparten gibts zum *The Victor Hugo International Music Festival (www.vhfestival.com)* auf Guernsey.

Oktober

Beim *Guernsey Jazz Festival* Anfang Oktober treten die besten britischen Jazzmusiker auf. *www.dukeofrichmond. com*

Beim ==Tennerfest== bieten die besten Restaurants von Jersey und Guernsey bis Mitte November ein komplettes Menü für 10–20 Pfund. *www.tenner fest.com*

Insider Tipp

> EIN ARCHIPEL FÜR GENIESSER

In der Küche der Kanalinseln mischen sich französische
Gourmandise und britische Tradition:
Haute Cuisine und Cream Tea mit Scones

> Am Wochenende gewinnen die Inseln den Charakter eines Schlaraffenlands: Franzosen reisen mit Motorbooten und Yachten vom nahen Festland an, um frische Austern und Hummer auf Alderney und Sark oder die Sterneküche von Jersey und Guernsey zu genießen.

Liebhaber von Fisch und Meeresfrüchten werden selten fahle *fish-'n'-chips*-Gerichte finden, dafür Austern, Hummer und Jakobsmuscheln gleich körbeweise. Etwa in der Markthalle, die nach Pariser Vorbild in Jerseys Hauptstadt St. Helier gebaut wurde. Oder in den exquisiten Restaurants, die sich über die Inseln verteilen und von den Gourmetbibeln Michelin und Gault-Millau mehrfach ausgezeichnet wurden. Berühmt sind ihre Patrone nicht nur für die delikate Küche, sondern auch für ihre exzentrische Lebensart. So pflegt manch Küchenchef höchstpersönlich nach Meeresfrüchten zu tauchen …

Bild: Scones mit Sahne und Beeren

ESSEN & TRINKEN

Weniger eigenwillig beginnt der kulinarische Tag auf den Inseln: Die meisten Hotels bieten eine Melange aus kontinentalem Frühstück mit Toast, Marmelade und Ei und auf einer kleinen Karte das sogenannte *cooked breakfast* mit den aus Großbritannien bekannten Spezialitäten wie kleinen Würstchen, Champignons, Speck und Ei in allen Varianten.

Zum Lifestyle der Inseln gehört ein leichter Mittagslunch. Man trifft

sich zwischen 12 und 14 oder 14.30 Uhr auf eine Krabbenpastete oder eine Scheibe frischen Lachs in Brasserien, Bars und Bistros. Restaurants offerieren preiswerte Mittagsmenüs – oft genutzt für Geschäftsessen. Die Atmosphäre ist fast mediterran. Es wird erzählt, gestikuliert, gelacht.

Nachmittags beginnt die behagliche Zeit: Muße für einen gepflegten *cream tea* im Hotel oder Tearoom mit Ausblick aufs Meer. Unverzichtbar dafür: frisch gebackene *scones,* ein handtellerkleines Gebäck aus Mehl, Eiern und Rosinen. Während sich im südenglischen Devon und Cornwall regelrechte Glaubenskriege um den richtigen Genuss entzünden – Schlagsahne oder Marmelade *on the top?* –, nimmt man es hier gelassen. Hauptsache, der vanillegelbe Rahm stammt von den inseleigenen Rindern. Ihn krönt eine aromatische Erdbeerkonfitüre, das einzig wahre Pendant zur *cream.* Während Earl Grey, Ceylon Blend oder Assamtee aus Silberkannen strömt, das Bone-China-Porzellan hauchzart klingt, gilt für Busi-

> SPEZIALITÄTEN
Genießen Sie die typische Küche der Kanalinseln!

bean crock/Guernsey bean jar – Eintopf aus Gemüse, Bohnen, Zwiebeln, Karotten und Fleisch

brill – Butt; meist gegrillt und mit Kartoffeln und Gemüse serviert

cider – Früher wurde der Apfelwein noch auf den Inseln in großen Pressen hergestellt. Heute ist er ein beliebter Muntermacher – allerdings praktisch immer importiert

cod – Kabeljau. Einst ein Allerweltsfisch, heute stark gefährdet. Auf den Kanalinseln ist er – noch! – nicht rar und taucht sogar an Imbissständen auf

crab – Der Taschenkrebs ist eine Spezialität der Inseln. Königlich in Pasteten, köstlich in Krabbensalaten

cream – Die Sahne von den Jersey- und Guernseykühen ist sehr fetthaltig und hat daher eine vanillegelbe Färbung und einen nussigen Geschmack. Die Milch der Inselkühe wird auch für die Eis- und Käseherstellung verwendet

cream tea – Der Höhepunkt des Nachmittags: Ensemble aus einem Kännchen Tee, ein oder zwei selbst gebackenen *scones* (kleines Gebäck), die mit Sahne und einem Klecks Marmelade genossen werden

gache melee – ofenwarmer Kuchen, belegt mit goldgelb gebackenen Äpfeln

Guernsey biscuits – Butterplätzchen aus Mürbeteig – perfekt zum Tee, da sie auf der Zunge fast schmelzen

Jersey Royal Potato – eine Frühkartoffel mit goldenem Fruchtfleisch, exzellent zu edlen Fisch- und Fleischgerichten

lobster – Frischer werden Sie Hummer selten finden. Besonders gut wird er auf Sark zubereitet (Foto)

mussels – Miesmuscheln, entweder in Weißwein gegart oder pur genossen

oysters – Früher waren die Austernbänke vor Herm berühmt. Inzwischen gibt es eine Austernorganisation auf Guernsey. Ebenso begehrt: Jerseyaustern

scallops – Die zarten Jakobsmuscheln reicht man oft als Vorspeise

nessleute ab fünf Uhr nachmittags After-Work-Stimmung. In St. Peter Port und St. Helier treffen sich Banker und Angestellte bei Sekt, Selters und Cocktails in Bistros und Bars.

Am Abend wählt man ein legeres Essen im Pub – ob britisches Roastbeef, Lasagne oder tagesfrischer Hummer – oder trifft sich zwischen 18 oder 18.30 Uhr und 20.30, vereinzelt auch noch später, zum Dinner. In den Pubs bestellt und bezahlt man am Tresen. In Hotels gleicht schon das Bestellen einem stilvollen Kammerstück: Während man genüsslich an einem Port in der Bar schlürft, wird das Menü vorgestellt. Man wählt, sucht den passenden Wein aus, hält Konversation mit den anderen Gästen und wird wenig später an den Tisch geführt.

In Restaurants geht es meist ohne Umwege an die Tafel – auch hier locken Schlemmerofferten, meist französisch beeinflusst mit frischen Austern oder geräucherter Entenbrust als Vorspeise. Dann vielleicht ein Stück Lamm mit Rosmarinjus und zum Nachtisch ganz britisch ofenwarmer *apple pie,* Apfelkuchen mit Sahne oder Vanilleeis – eine genussreiche Allianz aus England und Frankreich, die sich auch neuen Einflüssen nicht verschließt, Elemente aus der leichten, raffiniert gewürzten Thaiküche aufnimmt oder nach italienischem Vorbild frisches Gemüse, Knoblauch und Olivenöl zelebriert.

Highlights für die Gourmetszene sind die ▶▶ Foodfestivals der Inseln. Die besten Lokale servieren dann Dreigangmenüs für 10–20 Pfund – ideale Gelegenheit, die Köstlichkeiten zu probieren. Favorit dabei sind die fangfrischen Meeresfrüchte, auf die viele Restaurants spezialisiert sind.

Die besten Austern liefern Farmen auf Jersey und Guernsey, gute Hummer werden vor der Insel Sark gefan-

Very British: In den Pubs fühlt man sich ganz wie in England

gen. Probieren sollten Sie auch die frischen Jakobsmuscheln. Und – so es sie gibt – *ormers:* eine kleine Seeschneckenart, auch als Seeohr oder Abalone bekannt, die nur von Januar bis April bei Ebbe gesammelt wird. Selten, teuer und beliebt – ein kleiner Glücksfall, wenn man sie auf einer Speisekarte entdeckt. Köstlich dazu sind frische Kartoffeln von Jersey – die Jersey Royal Potato ist eine unter Kennern wie Gold gehandelte Frühkartoffelsorte.

Den Abschluss bildet ein gutes Glas Wein – Importe aus Frankreich füllen die Weinkarten ebenso wie ein heimisches Jerseygewächs: die Erzeugnisse des Weinguts La Mare Wine Estate. Bier wird auf den Inseln in zehn Betrieben gebraut.

SKURRILES UND NÜTZLICHES

Wählen Sie zwischen maritimen Accessoires, sahniger Schokolade, wärmender Wolle und süchtig machenden Pralinen

> Selbst verwöhnte Cityshopper kehren mit prall gefüllten Taschen zurück – das steuerfreie Einkaufen verleiht den Inseln einen geradezu kosmopolitischen Hauch. St. Peter Port, Guernseys geschäftiges Hauptstädtchen mit seinen erleuchteten Schaufenstern und der meerblauen Skyline des Hafens, schließt man schnell ins Herz. Zum relaxten Schlendern animiert auch das edle St. Helier auf Jersey. Und überall locken kleine Läden mit buntmaritimen Accessoires und der aktuellen Segel- und Surfkleidung aus Großbritannien – trotz des hohen Pfundkurses relativ günstig. Die meisten Geschäfte sind Mo bis Sa von 9 bis 17 Uhr geöffnet, viele jedoch abzüglich einer kleinen Mittagspause.

JERSEYSTOFF

Das Parlament von Jersey fühlte sich 1608 veranlasst, gegen die immer mehr um sich greifende Strickerei vorzugehen: Niemandem im Alter über 15 Jahre sei das Stricken während der Erntezeit, wo alle gebraucht wurden, gestattet. Bei Zuwiderhandlung drohten Stockschläge oder Kerkerhaft. Jung und Alt, Mann und Frau, alles strickte seinerzeit und versorgte England mit Millionen von Socken. Vom so ertragreichen Export ist heute nur noch der berühmte Pullover erhalten geblieben, den alle Welt „Jersey" nennt: gerade geschnitten, mit kleinem Stehbund und eng geschnittenen Armen. Er ist heute noch die Arbeitskleidung der Fischer. Die Wolle hält warm gegen Regen und Wind, ist resistent gegen Salzwasser und besitzt durch ihr Eigenfett feuchtigkeitsabweisenden Charakter. Er ist meist blau, mit Achseleinsätzen und einem Anker auf der Brust. Dem Guernseypullover fehlt der Anker.

KULINARISCHES

Klein, aber kalorienreich, dafür mehrwertsteuerfrei: Die sehr fetthaltige Milch der Jersey- und Guernseykühe

> EINKAUFEN

sorgt für besonders leckeren Brie. Die Sahne kommt in *Rebecca's Pralinés* auf Guernsey oder die *Caragh Chocolate* auf Sark. *La Mare Wine Estate (www.la marewineestate.com)* auf Jersey hält die alte Tradition der Cidreherstellung aufrecht. Auch der Apfelbrandy oder der fast honigartige Wein Clos de la Mare, die Marmeladen und der Aufstrich *black butter* aus Äpfeln und Gewürzen sind leckere Mitbringsel.

■ SCHMÜCKENDES

Auf Guernsey hat *Catherine Best (www. catherinebest.com)* zahlreiche Design-preise für ihre limitierten Juweleneditionen bekommen; sie benutzt auch weniger bekannte Edelsteine. Einen Showroom finden Sie u. a. in der *Windmill* in St. Peter Port. Segel- und Surfkleidung bekommt man günstig in beiden Hauptstädtchen, vor allem seit in letzter Zeit der traditionell hohe Pfundkurs gegenüber dem Euro etwas gefallen ist. Die Töpferei *Jersey Pottery (www.jersey pottery.com)* in Gorey Harbour stellt schönes Porzellan her. Man kann schauen, kaufen und im angeschlossenen Restaurant das Geschirr einem Praxistest unterziehen.

■ SOUVENIRS

Auch wenn Sie bzw. die Beschenkten keine Sammler sind, sind Kleinigkeiten wie Briefmarken oder Bierdeckel hübsche Mitbringsel. Alle Kanalinseln geben wunderschöne und bisweilen skurrile eigene Wertzeichen heraus *(www.guern seystamps.com)*, besonders schön auf Alderney mit Motiven aus Flora und Fauna. Witzige Souvenirs sind auch die Teddybären der Inseln: Den pelzigen Freund gibt es im Guernsey- und im Jerseydesign. Mehr als 140 Jahre lang bestimmte die Brauerei Randalls (inzwischen verkauft) auf Guernsey, was die Insulaner tranken. Die verschiedenen Biersorten haben nicht nur schaurige Namen (frei übersetzt etwa „Neid", „Schuldig", „Sündhaft"), sondern auch entsprechende Aufkleber und Bierdeckel.

Insider Tipp

> EIN PERFEKTER MINIPLANET

Auf der größten Insel finden Sie coole Strände wie in Kalifornien, Lemuren aus Madagaskar, asiatisch verfeinertes Seafood und ein Klima wie am Mittelmeer

> Auf der größten Kanalinsel findet man die dramatischste Klippenszenerie, die coolste Westküste und das urbanste City-life, dazu noch Buchten wie Piratennester: ein perfekt ausgestatteter Miniplanet von 8 mal 14,5 km, der sich vor 8000 Jahren von Frankreich davonstahl und nun 20 km vor der Küste im Golfstrom liegt.

Die politisch weitgehend unabhängigen gut 90 000 Ew. – von denen allerdings nur etwa die Hälfte hier geboren wurde – haben den besten Son-nenplatz Großbritanniens und auch einen der steuerbegünstigsten Son-nenplätze für Gutbetuchte in Europa. Man gehört nicht zur EU, hat aber freien Warenaustausch, was allerdings nicht freien Zuzug bedeutet. Millionäre nimmt man jährlich nur noch begrenzt auf, denn an Geld mangelt es Jersey kaum: Rund 50 Banken und 33 000 Firmen sitzen auf etwa 270 Mia. Euro, zu zwei Dritteln ausländische Mittel. Der Finanzsek-

Bild: Corbière Lighthouse

JERSEY

tor macht denn auch fast 60 Prozent der Inselwirtschaft aus.

Der finanzielle Reichtum hält sich bedeckter als der landschaftliche: Hinter alten normannischen Mauern aus Granit wohnt diskret Gott weiß wer, aber an den noblen Autos erahnt man das Bankkonto. Dabei kommen die sportlichen Flitzer kaum aus dem zweiten Gang heraus, denn die verwinkelten Inselstraßen lassen oft nicht mal die erlaubten 64 km/h zu.

In den schmalen *green lanes,* den extra für Radler, Fußgänger und Reiter belassenen Landsträßchen, sind sogar nur 24 km/h erlaubt.

Geruhsame Entdecker finden noch einige der berühmten Jerseykühe, deren hochfette Milch früher das Einkommen der Bauern bestimmte. Heute ist die Landwirtschaft mit 1,3 Prozent vom Bruttosozialprodukt ein fast zu vernachlässigender Wirtschaftszweig.

Da die Orte auf Jersey oft wenig ausgeprägten Ortscharakter haben und mehr oder weniger ineinander übergehende Ansiedlungen sind, ist dieses Kapitel nicht nach Orten, son-

Blue bells, eine Hyazinthenart, wachsen besonders üppig auf Jersey

dern im Uhrzeigersinn nach den Himmelsrichtungen untergliedert. Die einzige richtige „Stadt", St. Helier, wird dann separat am Ende des Kapitels vorgestellt.

DER WESTEN

An der Westküste streckt sich die ansonsten so verwinkelte und landschaftlich kleinteilige Insel entspannt aus. Hinter dem gut 7 km langen Strand wellt sich das Dünenland Les Mielles, das den vom Westwind angewehten feinen Sanden seine Entstehung verdankt. Für die deutschen Besatzer 1940–45 war die offene St. Ouen's Bay eine besondere Sorge. Sie befestigten die Bucht mit Betonmauer und Minen und machten den Strand zur Tabuzone. Weil auch nach dem Krieg die bauliche Entwicklung Jerseys an der Westküste vorbeiging, konnte sich eine reiche Flora recht ungestört entfalten. Heute schützt Jerseys National Trust das Dünengebiet Les Mielles. Das Naturschutzgebiet wimmelt im Sommer von brütenden Vögeln, besonders am St. Ouen's Pond. Hier leben 17 Tierarten, die auf der Roten Liste vom Aussterben bedrohter Spezies stehen. Zugvögel machen im Frühjahr und Herbst Station. Der Zutritt ist frei, ein deutscher Kriegsbunker dient als Vogelausguck. Zu sehen sind u. a. Moorhuhn, Lerche, Kuckuck, Krickente, Uferschwalbe, Kiebitz und Eule. Zwischen Mitte Mai und Mitte Juni sind überdies zahlreiche Orchideen zu entdecken, und kundige Botaniker stöbern ab Mai gut 400 Pflanzenarten auf Wanderwegen durch die Dünen auf. Drei Golfplätze sind Zugeständnisse an den Lifestyle.

Die Intimität der Dünen und des Vogelparadieses St. Ouen's Pond liegen nur wenige Hundert Meter vom großen ozeanischen Gefühl entfernt: Coole Surfer beobachten von den Terrassen der Cafés aus den Wellenschlag und geben der ansonsten wohlerzogen wirkenden Insel etwas Anarchisches. Das Stimmungsbarometer steigt, wenn die Sonne geht. Fußgängern sei zur blauen Stunde die Strandpromenade empfohlen. Welches Schauspiel Meer und Wellenreiter gerade geben, hängt von den bis zu 12 m schwankenden Gezeiten ab.

Beschaulich gibt sich das Hinterland. Hier liegen die Dörfer St. Ouen und St. Peter. St. Ouen ist die größte Inselgemeinde, St. Peter hat den mit 37 m höchsten Kirchturm der Insel.

■■■ SEHENSWERTES ■■■

BATTLE OF FLOWERS MUSEUM [123 E2]

Kitsch as Kitsch can: Die Leidenschaft der Briten für Pflanzen nimmt hier eine ganz besondere Wendung. Nicht beschnittene Koniferen oder Hecken, sondern getrocknete Blüten aller Art werden zu Gestalten und Blumenwagen in jeder Größe und Form zusammengepuzzelt. So wird die 100-jährige Geschichte der berühmten „Blumenschlacht" Battle of Flowers dokumentiert. Das karnevalsähnliche Festival wird alljährlich im August gefeiert. *März–Okt. tgl. 10–17 Uhr | 6 Euro*

CORBIÈRE POINT [123 D5]

Vom südwestlichsten Inselpunkt fällt der Blick auf das ★ *Corbière Lighthouse* vor der Küste. 1874 wurde der weltweit erste Betonleuchtturm vom Wasser her fertiggestellt. Der weiße Turm thront malerisch auf rotem Granit, der hier abgebaut und per Bahn gut 5 km zum Verschiffen in

MARCO POLO HIGHLIGHTS

★ **Corbière Lighthouse**
Der spektakuläre Leuchtturm ist nur bei Ebbe trockenen Fußes zu erreichen (Seite 33)

★ **St. Brelade's Parish Church and Fishermen's Chapel**
Magischer Ort mit schönem Friedhof über der populären St. Brelade's Bay (Seite 46)

★ **La Mare Wine Estate**
Gute Weine, Cidre und würzige Konserven (Seite 38)

★ **La Hougue Bie**
Ein Steinzeitgrab, eine Kapelle und ein Bunkermuseum (Seite 55)

★ **Mont Orgueil Castle**
Älteste und stimmungsvollste Burg Jerseys (Seite 41)

★ **Hamptonne Country Life Museum**
Alles, was zum Bauernleben im alten Jersey dazugehörte (Seite 44)

★ **St. Ouen's Bay**
Wilder Westküstenstrand und ein ausgedehntes Dünennaturschutzgebiet (Seite 36)

★ **Beresford Fish Market**
Die Meeresfauna auf dem Präsentierteller (Seite 50)

★ **Durrell Wildlife Conservation Trust**
Der Zoo ist die Keimzelle der Tierschutzaktivitäten des Durrell Wildlife Trust (Seite 38)

★ **Jersey Maritime Museum**
Alles, was Sie schon immer über das Meer wissen wollten (Seite 51)

den St. Aubin's Harbour gelangte. Der einfach zu gehende oder zu radelnde Corbière Walkway ersetzt heute die Schienen. Bei Ebbe ist der Leuchtturm zu Fuß zu erreichen. Das ☀ *Lighthouse Restaurant (Rue de la Corbière | Tel. 01534/74 61 27 | €€)* hat Panoramafenster und gute Küche.

LA GRANDE ROUTE DES MIELLES [123 E2–5]

Die sogenannte Five-Mile-Road an der Küste ist der Sunset Boulevard

Gummistiefel nicht vergessen: Corbière Lighthouse in Jerseys Südwesten

der Kanalinseln. Besonders atemraubend ist der Einstieg von Süden her. Auch wenn es fast das einzige gerade Stück Asphalt auf Jersey ist: Nicht abheben! Auch hier gilt Tempo 64 (40 mph).

GROSNEZ CASTLE UND LE PINACLE ☀ [123 D1]

Ruine mit schöner Aussicht und Leuchtfeuer: Vom Grosnez Point, dem Felsvorsprung im Nordwesten, liegen Guernsey (ca. 25 km) und Sark (ca. 18 km) zum Greifen nah. Allerdings lauern unter der Wasseroberfläche die berüchtigten Paternosterfelsen, die der küstennahen Schifffahrt immer schon Probleme bereiteten. Von der im 14. Jh. gebauten und im Hundertjährigen Krieg zerstörten Burgruine Grosnez Castle steht noch romantisch der Torbogen. Ein Fußweg – ideal zum morgendlichen Joggen mit toller Aussicht – führt nach Süden über das Hochplateau Les Landes zum 65 m hohen Felsen Le Pinacle, der in der Morgensonne an ein Gesicht erinnert. Der Ort diente viele Tausend Jahre lang als Kultstätte.

KEMPT TOWER [123 E3]

In diesem Martelloturm von 1834 können Sie vor- oder nachbereiten, was in der Dünenlandschaft von Les Mielles drum herum an Fauna und Flora entdeckt werden kann. Videos und Tafeln informieren auch über den Umweltschutz. Kempt Tower ist einer von drei Türmen, die die Zeit der Napoleonischen Kriege vor gut 200 Jahren überdauert haben. *Ende April–Okt. tgl. 14–16.30 Uhr | Eintritt frei*

LA ROCCO TOWER [123 D4]

Auf dem winzigen La Rocco Island am südlichen Ende der St. Ouen's Bay wacht einsam der Turm von 1801, der älteste von neun Türmen, die die Bucht gegen Napoleons Angriffe schützen sollten. Die Wehrmacht benutzte ihn als Zielobjekt, er wurde aber später renoviert. Abenteuerlustige Naturen, die sich vorher mit der Gezeitentabelle vertraut gemacht haben, können den einsamen Turm im Meer **bei Ebbe zu Fuß** erreichen.

Insider Tipp

■ ESSEN & TRINKEN ■

FAULKNER FISHERIES [123 D2]

Insider Tipp

In einem Bunker am Meer in L'Étacq hält Sean Faulkner Meeresfrüchte und Speisefische. Die großen Taschenkrebse sind Hingucker, die Saucen schöne Mitbringsel, die Fische was für Selbstversorger. Tipp: Preiswert Austern schlürfen für den kleinen Hunger zwischendurch! *Tgl. | www.faulknerfisheries.co.uk*

BIG VERN'S [123 E3]

Das große Strandcafé an der Grande Route des Mielles ist so beliebt, dass es schon beim Frühstück voll wird. Drinnen wird gesund gegessen. Funzentrale der sonnenverwöhnten St. Ouen's Bay. *Tgl. | Tel. 01534/ 48 17 05 | €*

LA PULENTE [123 E5]

Urgemütliches Inrestaurant und Pub am Südende der Grande Route des Mielles für Rolls-Royce-Fahrer und Surfer gleichermaßen. Die großen Portionen strotzen vor Proteinen aus dem Meer. *Tgl. | Tel. 01534/74 44 87 | € – €€*

■ EINKAUFEN ■

BOUCHET AGATEWARE POTTERY [123 E2]

Tony Bouchet töpfert seit 30 Jahren mit Achaten – weltweit wohl einzigartig. *Rue des Marettes | St. Ouen | www.agateware.co.uk*

■ ÜBERNACHTEN ■

ATLANTIC HOTEL [123 E5]

Luxus mit Understatement – eins der besten Hotels auf Jersey. Pool, tolle Küche, neu hergerichtet. Blick auf Meer und Golfplatz. Das Restaurant *Ocean* rühmt sich eines Michelinsterns. *50 Zi. | La Pulente | St. Brelade | Tel. 01534/74 41 01 | Fax 74 41 02 | www.theatlantichotel.com | €€€*

LES ORMES LODGE & LEISURE VILLAGE ❧ [123 E4]

Diese neuen, einfachen Ferienhäuschen in der Dünenlandschaft der St. Ouen's Bay bieten vier Personen Platz. Grandioser Seeblick. **Sehr geeignet auch für Familien mit Kindern,** die sich am Strand und in den Dünen austoben können. *Tel. 01534/ 497 00 00 | www.lesormes.je | €*

Insider Tipp

■ FREIZEIT & SPORT ■

GOLF [123 E4]

Die beiden 18-Loch-Dünengolfplätze erinnern fast ein wenig an die berühmten schottischen Küstengrüns: *Les Mielles Golf and Country Club (St. Ouen's Bay | Tel. 01534/48 27 87 | www.lesmielles.com)* und *La Moye Golf Club (St. Brelade | Tel. 01534/ 74 71 66)*

SURFEN [123 E3–4]

Wellenreiten hoch drei in der St. Ouen's Bay: Kurse und Brettverleih bei der *Atlantic Waves School of Surfing (Le Port | Tel. 01534/74 41 57),* der *Jersey Surf School (Surf Shak/Waves Bar | Tel. 01534/48 40 05)* sowie *Discovery Bay Surf Shop (St.Ouen's Bay | Tel. 01534/48 37 07).* **Skimboarding** ist eine leichtere Variante des Surfens auf breiteren Brettern. Auf *www.skimjersey.co.uk* finden sich auch aktuelle Infos über die Wellensituation auf Jersey.

Insider Tipp

▰ STRÄNDE ▰

ST. OUEN'S BAY ★ [123 D–E 2–5]

Lang und breit wirft sich Jerseys Westküste dem anrollenden Atlantischen Ozean entgegen. Wellenreiter und Windsurfer können ganztägig in den als sicher gekennzeichneten Bereichen abheben; Schwimmer sollten sich immer innerhalb der ausgeflaggten Bereiche bewegen, die im Sommer von *coast guards* überwacht werden. Bei Ebbe gibts manchmal Autorennen auf dem ansonsten Mensch und Tier vorbehaltenen Strand. Alle paar Kilometer findet man Burger und Kaffee sowie Parkplätze.

▰ AM ABEND ▰

WATERSPLASH ▸▸ [123 E3]

Ein Hauch von *down under:* Die lokale Surferszene findet die große Bar mit den getönten Scheiben an der Grande Route des Mielles cool. Wer gerade nicht Wellen abreitet, spielt hier Pool, prostet dem Sunset zu oder unterhält sich mit den australischen und neuseeländischen *coast guards,* die lieber hier im Sommer jobben, als daheim im Südwinter zu frieren. *Tel. 01534/48 28 86 | www.watersplashjersey.com*

DER NORDEN

Jerseys Höhepunkt liegt im Norden. Topografisch allemal, steigt die Insel doch nach Norden hin an. Und wenn man den Inselkontinent mit dem Auto durchquert hat, verlockt der Duft des Ozeans zu beschwingtem Ausschreiten. Hier riecht die Küste nach Aktivität und Eroberung. Kleine Buchten warten auf ihre Entdeckung. Wer als Küstenwanderer den allgegenwärtigen Klippenpfad unter die Füße nimmt und in einem Meer von Farn abtaucht, wird für seinen Schweiß mit tollen Ausblicken belohnt. Immer wieder läuft man Gefahr, sich einfach in der Sonne auf einem Felsvorsprung niederzulassen und die Zeit zu vergessen oder sich in einer kleinen Bucht am *cream tea* zu übernehmen. Allen Abstiegen in die kleinen Buchtjuwelen ist gemein, dass sie steil und gewunden sind, auch die für die Autofahrer. So werden Autofahrer das verdrehte Straßenknäuel im Norden auch nicht schneller bewältigen als Radler oder Fußgänger. Auch wenn man im geschäftigen Süden der

Insel wohnt, ist der einsame Norden nur eine kurze Busfahrt entfernt. Im Hinterland wird der Küstenverlauf in respektvollem Abstand von einer Hauptstraße nachgezeichnet, die durch die drei Gemeindezentren St. Mary, St. John und Trinity führt. Im Gegensatz zu den Ortsnamen sind die meisten Straßennamen französisch. Hinter manch einem verbirgt sich ein alter Schiffsname.

◼ SEHENSWERTES

DEVIL'S HOLE UND SOREL POINT [124 A1]

Eine Halbtageswanderung mit spannenden Entdeckungen ist der Ausflug vom Parkplatz des gemütlichen alten Priory Inn (zwischen La Mare Wine Estate und dem kleinen Mourier Valley) zur tiefen Klippenkluft Devil's Hole, wo das einströmende Meerwasser je nach Temperament bedrohlich gurgelt oder fast wie ein Geysir hochschießt. Von dort führt der Klippenpfad nach Nordosten, streift das verwunschen wirkende Mouriertal und führt weiter zum Sorel Point, wo ein Leuchtfeuer auf der Klippe steht. Weiter unten zeigt der Granit eine dunkelrote Färbung, die bei Sonnenuntergang zu glühen scheint. Vom Sorel Point kann man über kleine Sträßchen einen Bogen zurück zum Priory Inn schlagen. Der kurze, steile Weg durch das Mourier Valley bietet ein Gefühl stehen gebliebener Zeit wie nirgends sonst auf Jersey.

GRÈVE DE LECQ [123 F1]

Die sandige Bucht lohnt einen Tagesausflug. Der schöne Sandstrand lädt zum Picknick mit einer Flasche Wein. Einheimische machen vor, wie man am Strand seinen Campinggrill in Gang bringt. Oder man sieht am Nachmittag den Reitern zu, die ihren Pferden am Wassersaum in einem kurzen Galopp die Zügel schießen lassen. Wenn man die älteren Fischer dabei beobachtet, wie sie ihre Boote mit Traktor und Wagen den Strand hochziehen, nachdem sie sich noch fix etwas für die Pfanne gefangen haben, sieht man ein ganz anderes Gesicht der Insel als im eher großstädtischen Ambiente des Südens. In der Bucht gibt es ein Informationszentrum und einige Cafés.

St. Ouen's Bay: Der Tidenhub des Kanals verändert mehrmals täglich des Gesicht der Bucht

DURRELL WILDLIFE CONSERVATION TRUST ⭐ [125 D3]

Jersey als Arche: Die weltweit aktive Stiftung zeigt in ihrem Zoo auf Jersey etliche bedrohte Tierarten, deren spektakulärsten Vertretern der für seine Tierbücher bekannt gewordene

Vom Aye-Aye bis zum Orang-Utan: Durrell Wildlife Conservation Trust

Insider Tipp Gerald Durrell – Bruder des Romanciers Lawrence Durrell – teilweise selbst nachstellte. Das **Fingertier** (Aye-Aye) wird wohl kaum jemand zu Gesicht bekommen, der dessen Heimat Madagaskar aufsucht. Für den Zutritt zum Aye-Aye-Nachthaus auf Jersey werden sogar die exakten Sonnenuntergangszeiten Madagaskars eingehalten. Einige weitere – tagaktive – Halbaffenarten turnen draußen herum, und besonders die Gorillas faszinieren. Das parkähnliche Gelände verstärkt den leicht unwirklichen, paradiesischen, fast entrückten Eindruck, den der unge-

wöhnliche Zoo auf Besucher macht. An der Zufahrt erinnern Betonnachbildungen von Dodos, einem im 17. Jh. ausgerotteten Kranichvogel, stellvertretend an ausgestorbene Tierarten, stehen aber gleichzeitig für ein skurriles Kuriositätenkabinett, das allerdings auch unspektakulären Tieren wie der bedrohten mallorquinischen Geburtshelferkröte ein neues Heim gibt. Die ausgezeichneten Führungen öffnen Besuchern die Augen für die Endlichkeit tierischer Ressourcen auf der Welt. Die Aufzucht bedrohter Arten ist ein Hauptziel. Jerseys Zoo hat einen guten wissenschaftlichen Ruf und pflegt Austausch- und Aufzuchtprogramme etwa mit dem Melbourne Zoo. *Mai bis Okt. tgl. 9.30–18, Nov.–April 10 bis 17 Uhr | 15,50 Euro | www.durrell.org*

LA MARE WINE ESTATE ⭐ [124 A2]

Das Golfstromklima machts möglich: Vier sehr akzeptable Weine sowie ein Sekt verbergen sich hinter den schön gestalteten Etiketten des kleinen Weinbaubetriebs. Der lässt sich gern hinter die Kulissen schauen. Im Shop sollten Sie nicht versäumen, ein Glas hausgemachte *black butter* zu kaufen, einen schwarzen Brotaufstrich aus Cidre, Zimt, Zitronen und Gewürzen. Vom selbst gebrannten Schnaps und dem Cidre ganz zu schweigen. Wer nachmittags kommt, sollte sich den *Jersey cream tea* nicht entgehen lassen. *April–Okt. Mo–Sa 10–17, Nov./Dez. Mo–Fr 11 bis 16 Uhr | Eintritt frei, geführte Tour durch winery und destillery mit Weinprobe 9,50 Euro | www.lamarewineestate.com*

>www.marcopolo.de/kanalinseln

PLÉMONT BAY [123 D–E1]

Stufen führen zu der am Fuß der Klippen liegenden, kleinen Bucht, deren Strand gegen Südostwinde geschützt ist. Nur gute Schwimmer sollten sich mit den Gezeiten messen. Es gibt Höhlen zu erforschen, aber auch hier gilt: Unbedingt vorher den *coast guard* wegen der Tide fragen! Alternative: oben im Café Plémont den leckeren selbst gemachten Kuchen essen und sich die schönen Töpfereien anschauen.

■ ESSEN & TRINKEN ■

LA FONTAINE [124 B1]

Uriges, großes Pub aus dem 15. Jh. Entspannte Atmosphäre, sehr kinderfreundlich. Typische *pubmeals. Tgl. | Route de Nord | St. John | Tel. 01534/ 86 27 07 | €*

HUNGRY MAN [125 E2]

Dies ist nur ein Kiosk in der Rozel Bay, der so ziemlich alle Fastfoodvarianten – auch vegetarische – serviert. Aber die Schlange der Wartenden signalisiert: Hier gibts Gourmetburger – manch ein Einheimischer nimmt eine halbe Stunde Anfahrt in Kauf, um hier seinen *cream tea* – übrigens der preiswerteste der Kanalinseln – zu genießen. *In der Saison tgl. | Rozel Bay*

ST. MARY'S COUNTRY INN [124 A2]

Joe Armando de Ferreira aus Madeira serviert in dem gemütlichen Gasthaus warmherzig sehr leckere Gerichte. Tipp: Jakobsmuscheln im Speckmantel. Bestes Pub im Norden. Freitags um 21 Uhr Livemusik. *Tgl. | St. Mary | La Rue des Buttes | Tel. 01534/48 15 61 | €*

■ ÜBERNACHTEN ■

CHÂTEAU LA CHAIRE [125 E2]

Das vielleicht romantischste Hotel der Insel mutet an wie ein edles, gemütliches Landschloss. Im Keller ruht Mouton-Rothschild-Rotwein, im Haus regieren Eichenpaneele, drumherum sprießt ein Garten, der 1841 vom Botaniker Samuel Curtis, dem Direktor der Londoner Kew Gardens, entworfen wurde. Exklusive Eleganz plus Dornröschencharme im zerklüfteten Nordosten Jerseys. Die 14 Zimmer sind unter-

>LOW BUDGET

> Von einem *guide* geführte Wanderungen sind ein preiswertes Inselhighlight. Im Mai und September findet jeweils die *Walking Week* statt, bei der kostenlose oder besonders günstige Themenwanderungen (Orchideen, Vogelwelt, Besatzungs- oder Farmhistorie) angeboten werden. *www.jersey.com/walking, gill girardtourguide.com*

> Jersey ist hervorragend zum Radfahren geeignet. Meist werden die Räder auch noch kostenfrei zum Hotel gebracht, dann kostet die Miete etwa 13 Euro pro Tag. Achtung: An der Nordküste sind die Abfahrten in die Buchten sehr steil – und die Auffahrten natürlich auch ... *www.cycle hirejersey.com*

> Im eigenen Zelt kommen Campingfans am billigsten unter *(6–20 Euro/ 2 Pers.)*, im stationären Hauszelt schlafen vier Personen noch relativ günstig *(33–80 Euro). www.jersey camping.com, www.campingjersey. com, www.rozelcamping.co.uk*

schiedlich gestaltet, einige haben einen Balkon. *Rozel Bay | Tel. 01534/ 86 33 54 | Fax 86 51 37 | www.cha teau-la-chaire.co.uk | €€€*

ROZEL CAMPING PARK [125 E2]

Urlauber können ihre eigenen Zelte mitbringen oder eines der fest installierten Wohnzelte anmieten. Zur Anlage gehören Swimmingpool, Shops und Spielplätze. Eigenes Zelt ab 7 Euro. *St. Martin | Tel. 01534/ 85 67 97 | Fax 85 61 27 | www.rozel camping.co.uk*

UNDERCLIFF GUEST HOUSE [125 E2]

Die schöne, etwas versteckt gelegene Pension ist ein idealer Stopp für Wanderer, die an der Nordküste unterwegs sind. *13 Zi. | Bouley Bay | Tel. 01534/86 30 58 | Fax 86 23 63 | www.undercliffjersey.com | €–€€*

THE WATER'S EDGE HOTEL [125 E2]

Die renovierten fünf Stockwerke bringen einen unübersehbaren Touch große Welt in die versteckte, kleine Bucht. Mit Penthouse, Dachterrasse, Pool und Jacuzzis. Das Pub kontrastiert dagegen mit heimeliger Fachwerkatmosphäre. *50 Zi. | Bouley Bay | Tel. 01534/86 27 77 | Fax 86 36 45 | www.watersedgehotel.co.je | €€*

■ FREIZEIT & SPORT

TAUCHEN [125 D2]

Die Nordküste und ihre kleinen, versteckten Buchten mit ihrem steilen Abfall bieten beste Sicht unter Wasser. Das *Bouley Bay Dive Centre (Tel. 01534/86 69 90 | www.scubadiving jersey.com)* in Bouley Bay vermietet Tauchgeräte und -kleidung und vermittelt Tauchen vom Boot.

■ STRÄNDE

BOULEY BAY [125 D–E2]

Im Hafen der kleinen, steinigen Bucht schwimmt es sich sicher. Café und Toiletten.

ROZEL BAY [125 E2]

Ein Buchtjuwel im Nordosten. Kleiner Sandstrand, Toiletten und mehrere Cafés.

■ AM ABEND

Das Nachtleben im Norden ist wenig ausgeprägt. Freitags spielen im *St. Mary's Country Inn* ab 21 Uhr wechselnde Bands. Im gemütlichen *Rozel Bay Inn* in Rozel mischen sich Besucher und Einheimische, desgleichen im *Black Dog* im Water's Edge Hotel in der Bouley Bay.

DER OSTEN

Die Ostküste zieht all jene an, die vor dem Frühstück munter genug sind, sich zwischen La Rocque Harbour und St. Catherine's Breakwater am Strand die Morgenröte anzuschauen. Der beste Platz an der Sonne ist mit Gorey der einzig nennenswerte Ort an der Küste. Burg, Hafen und Möwengeschrei bilden eine perfekte Kulisse im Rücken. Der Osten ist etwas für Müßiggänger. Die große Sichel der Royal Bay of Grouville kann Strandspaziergänger mühelos stundenlang beschäftigen. Dabei sollte man die wegen napoleonischer Bedrohung errichteten runden Befestigungstürme zählen. Und auch die zahlreichen Damen, die hier unbeschwert ihre Hunde ausführen. Die nördliche Buchtsichel zwischen dem Aussichtspunkt Le Saut Geoffroi und dem Breakwater ist kleiner und bietet von der ufernahen Straße schöne Ausblicke. Bei Ausflügen ins Hinterland stolpert man förmlich über Dolmen, steinzeitliche Tischgräber. Die Kirchtürme markieren die Inselgemeinden St. Clement, Grouville und St. Martin.

■ **SEHENSWERTES** ■

DOLMEN DE FALDOUËT   [125 F4]

Nur wenige Hundert Meter hinter der Burg von Gorey versteckt sich diese gut 5000 Jahre alte Grabanlage, von der noch ein 15 m langer Gang und der Grabtisch von der langen Geschichte menschlicher Besiedlung auf Jersey Zeugnis ablegen.

MONT ORGUEIL CASTLE ★   [125 F4]

Die Burg aus dem 13. Jh. ist der majestätischste Anblick auf der Insel. Sie sollte vor 800 Jahren die Franzosen abschrecken und ist auch heute nicht ohne etwas Anstrengung zu erreichen. Die Steinstufen vom Hafen sind der beschwerlichere von zwei Zugängen, aber das gut gepflegte Kastell hat ein paar Tropfen Schweiß bei der Eroberung verdient. Erstaunlich ist, dass das Castle nach wie vor in sehenswertem Zustand ist, denn nach Erfindung der Schusswaffen waren die Mauern keinen Schuss Pulver mehr wert. Dennoch fanden sich immer wieder Liebhaber des Gemäuers, wie etwa Sir Walter Raleigh, der sich als Gouverneur um 1600 für den Erhalt starkmachte. Für die politischen Gefangenen während der Französischen Revolution 1789 war die Burg ihr Alcatraz. Heute zeigen Ausstellungen nachgestellte Sze-

Von unten bietet es den majestätischsten Anblick, von oben genießen Sie den prächtigsten Ausblick der Insel: Mont Orgueil Castle in Gorey

nen einer Belagerung und archäologische Funde. Ganz oben findet man den vielleicht besten ☀ Aussichtspunkt der Insel, ganz unten liegt malerisch der Ort. *Ende März–Sept. tgl. 9 Uhr bis Sonnenuntergang, Okt. bis Mitte März Sa/So 10–18 Uhr | 12 Euro*

ST. CATHERINE'S BREAKWATER [125 F3]
Die 800 m lange Hafenmauer wurde als viktorianische Antwort auf die

nie fertiggestellten Nazibunker hat ein alter Fischer eine Steinbuttfarm eingerichtet: Die *Turbot Farm* lädt zum Steinbutt-Gucken, zu einem Schwätzchen und natürlich zum Fischkauf ein.

Insider Tip

■ ESSEN & TRINKEN

CASTLE GREEN GASTRO PUB [125 F4]
Hinter der Burg werden *catch of the day*, Beefburger und Muscheln ser-

Jersey Pottery: Auf der Garteninsel Jersey spielen Töpfe eine Hauptrolle

französische Befestigung von Cherbourg Mitte des 19. Jhs. gebaut. Eigentlich sollte ein befestigter Hafen mit einer zweiten Mauer bei Archirondel entstehen, aber die aufkommende Dampfschifffahrt stoppte das Projekt. Die Mole lockt heute Angler, Bottlenose-Delphine und Sonnenaufgangsspaziergänger an. In einem

viert. *Mo geschl. | Route de la Côte | Tel. 01534/84 02 18 | €–€€*

DRIFTWOOD CAFÉ [125 F3–4]
Australischer Vitaminstoß für die Ostküste: Frühstücks- und Lunchcafé mit frischen Kochideen aus dem Pazifik. *Tgl. | Route de la Côte | Archirondel Bay | Tel. 01534/85 21 57 | €*

> **www.marcopolo.de/kanalinseln**

SPINNAKERS BAR & GRILL [125 F4]

Poppig-frisches Bistroambiente nicht nur für junge Jahrgänge. Bildet einen Komplex mit einem schönen Gartenrestaurant und der Jersey Pottery. *Tgl. | Gorey Village | Tel. 01534/ 85 11 19 | €*

SUMA'S [125 F4]

Kleines, süßes *seaside cottage* ohne Schnickschnack, dafür mit erlesener Küche und 80 Weinen. Man darf in Jeans kommen und Kinder mitbringen. Von 12 bis 14.30 Uhr einer der besten Lunchtipps auf dieser Seite der Insel. Reservieren! *Tgl. | Gorey Hill | Tel. 01534/85 32 91 | €€–€€€*

■ EINKAUFEN

THE JERSEY POTTERY [125 F4]

Eine der besten Shoppingadressen, weil hier die Produkte vor Ort gefertigt werden, man dabei zuschauen darf und viel über das uralte Töpferhandwerk in Videofilmen lernt. *Gorey Village | www.jerseypottery.com*

■ ÜBERNACHTEN

BEAUSITE HOTEL [125 F5]

Angenehmes Mittelklassehotel in schöner Lage zwischen zwei Royals: der Royal Bay of Grouville und dem Royal Jersey Golf Club. Kinder sind ausdrücklich willkommen. *76 Zi. | Grouville Bay | Tel. 01534/85 75 77 | Fax 85 72 11 | www.southernhotels. com | €€*

BEAUVELANDE CAMPING SITE [125 E4]

Wer das eigene Zelt (ab 7 Euro) nicht mitschleppen möchte, mietet sich eins der auf dem Gelände installierten Wohnzelte. Spielplatz, Pool und Geschäfte gehören zur Anlage. *St.*

Martin | Tel. 0870/748 10 00 | Fax 747 90 93

THE MOORINGS HOTEL [125 F4]

Unterhalb des Mont Orgueil Castle direkt am Hafen. Man wohnt recht bequem mit Blick auf die Flotte der Boote im charmant-ältlichen Hotel am Puls der Action im geschäftigen kleinen Hafenrund. *15 Zi. | Gorey Pier | Tel. 01534/85 36 33 | Fax 85 76 18 | www.themooringshotel.com | €€*

■ FREIZEIT & SPORT

GOLF [125 F5]

Jersey Royal Golf Club: 18 Löcher, Par 70, nur mit Handicapnachweis. *Tel. 01534/85 44 16*

WASSERSPORT [125 F4]

Im *Gorey Watersports Centre (Tel. 01534/75 16 20)* können Kanus und Waveboards ausgeliehen werden oder Speedbootausflüge gebucht werden. *www.sportjersey.co.uk*

■ STRÄNDE

ROYAL BAY OF GROUVILLE [125 F4–6]

Große, weit geschwungene Sandbucht zum Baden. Parkplätze gibt es bei La Rocque und Gorey, Toiletten ebenfalls.

ST. CATHERINE'S BAY [125 F3–4]

Die kleinen Sandbuchten von Anne Port und Havre de Fer sind auch bei den Jerseyanern erste Wahl fürs Strandpicknick. Beide Strände haben Toiletten.

DER SÜDEN

Die touristische Schokoladenseite der Insel wird von großen Sandstränden ge-

säumt, die sich bei Ebbe weit ins Meer hinaus dehnen. Der Auslauf ist im Süden flach – die Insel gewinnt und verliert hier täglich etwa 40 Prozent an Fläche hinzu. Entsprechend weit ist dann der Weg zum Wasser. Buchten verbinden sich für Stunden, bis das Wasser im Eiltempo zurückfließt. Zwischen dem kompakten, schnuckeligen St. Aubin und dem fast schon großstädtischen St. Helier dehnt sich die St. Aubin's Bay. Die Küstenstraße erlebt zweimal am Tag eine Rushhour, weshalb Sie erst nach 9 Uhr mit dem Auto hier entlang fahren sollten.

Segeln, Wasserski und Windsurfen sind die Hauptaktivitäten. In der schönen St. Brelade's Bay stehen einige größere Hotels, aber ein Spaziergang entlang der von Pensionen, Cafés und Läden gespickten Ufermauer hinüber in die Ouaisné Bay erinnert an verwinkelte Inselchen, wie man sie aus der Ägäis kennt. Im Hinterland liegen das idyllische Tal von St. Peter, das Waterworks Valley und die Gemeindezentren von St. Peter und St. Lawrence.

■ SEHENSWERTES ■

HAMPTONNE COUNTRY LIFE MUSEUM ⭐ [124 B3]

Der lohnende Ausflug durch das von Bäumen gesäumte und von drei Stauseen bestimmte Waterworks Valley führt zu dem im Inselzentrum liegenden exemplarischen Bauernhof. Seit 1633 war der von Mauern umgebene normannische Hof im Besitz der Familie Hamptonne. Der Besuch lohnt sich, weil man so einmal Einblick in das typische Leben auf einem Gehöft bekommt.

Alles ist da: der typische Jerseybogen über dem Eingang, Ställe, der turmartige Taubenschlag und die von Eseln oder Pferden bewegte Apfelpresse, womit man jahrhundertelang den Hauscidre produzierte. Die großen Mahlsteine stehen heute überall dekorativ in den Vorgärten der Insel. Ein normannisches Spezialitätenlokal vervollständigt dieses sehr schöne Freilichtmuseum. *Mitte März bis Okt. tgl. 10–17 Uhr | 8,50 Euro | www.jerseyheritagetrust.org*

JERSEY WAR TUNNELS [124 B4]

Den unterirdischen Tunnelkomplex östlich des attraktiven St. Peter's Valley ließ Hitlers Autobahnbauer Fritz Todt von osteuropäischen Zwangsarbeitern in den Fels treiben. Heute versucht man mit O-Ton den Horror nachzustellen. Nach der aufwendigen und preisgekrönten Umgestaltung gelingt das überzeugend. Beim Gang durch die Felsröhren kann man mit Passkopien von damals betroffenen Insulanern deren Schicksal nachforschen. Ein Shop und ein Café gehören zum Komplex. *Meadowbank | St. Lawrence | Feb.–Okt. tgl. 10–18 Uhr | 13 Euro | www.jerseywartunnels.com*

LIVING LEGEND [124 A3]

Viel multimedialer Lärm um Jerseys Historie. Wer so eine Show mag, wird gut bedient. Angeschlossen sind ein Restaurant und ein Shopping Village. *April–Okt. tgl. 9.30–17, März/Nov. Sa–Mi 9.30–17 Uhr | 11 Euro | www.jerseyslivinglegend.co.je*

LE MOULIN DE QUETIVEL [124 A4]

Der Ausflug durchs bezaubernde St. Peter's Valley führt zu dieser funktionstüchtigen Wassermühle aus dem 14. Jh. Die angeschlossene Ausstellung informiert anschaulich über die alte Technik und Landwirtschaft Jerseys. *Mitte Mai–Mitte Sept. Di–Do 10–16 Uhr | 4 Euro*

NOIRMONT POINT ❄ [124 A6]

Die Hochebene der Halbinsel Noirmont südlich von St. Aubin bietet

kern, an deren Fassaden sich schon mal Wagemutige abseilen, empfiehlt sich der Weg zum besonders vogelreichen Grüngebiet Portelet Common. Zwischen die Hochebene und die Portelet Bay zwängt sich das *Old Portelet Inn (tgl. | Tel. 01534/ 74 18 99 | €)*, das zu einer Rast mit Cidre und einem Teller hausgemachter Suppe verlockt.

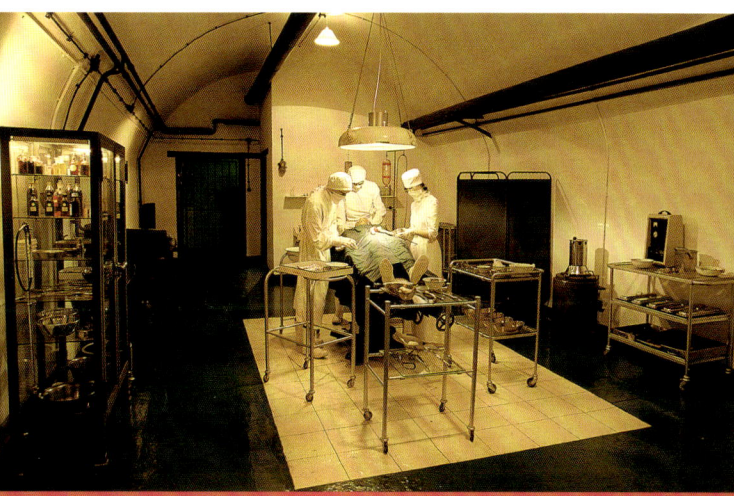

Ein unterirdisches Lazarett in den Jersey War Tunnels: Hitlers Betonröhren sind heute zum Kriegsmuseum umgebaut

herrliche Ausblicke und Fußwege zu zwei Buchten, der Belcroute Bay und der Ouaisné Bay. Auf der Höhe bietet sich ein kurzer Blick auf die als Denkmal belassenen deutschen Bunker und Geschützstellungen an. Von hier aus schweift der Blick hinunter in die über Treppen zu erreichende kleine Portelet Bay und auf die Guernseyfähren, die am Noirmont Point vorbeiflitzen. Von den Bun-

ST. AUBIN'S FORT [124 A5]

Wer in St. Aubin seewärts wohnt, hat jeden Morgen dieses Befestigungskleinod aus dem 16. Jh. vor Augen. Irgendwann sollten Sie einmal vor dem Frühstück die Ebbe abpassen und die 500 m hinüberschlendern – weil Sie einen ganz neuen Standpunkt gewinnen und mit Taschen voller Muscheln zurückkehren. Vor der Flut!

Stimmungsvoll: die schlichte
Schönheit von Fishermen's Chapel

ST. BRELADE'S PARISH CHURCH
AND FISHERMEN'S CHAPEL ⭐ [123 F5]

Einer der magischen Inselplätze: Kapelle und Friedhof bilden ein wunderbares Ensemble, das wie ein fest verankerter Hort granitener Ruhe über dem bewegten Treiben von Beachvolleyballspielern und Channelgezeiten tront. Der rau belassene Granit des Kirchleins wird von den bunten Fenstern des einheimischen Künstlers H. T. Bosdet geadelt. Direkt neben der Kirche steht die kleine Kapelle, die wohl kurz vor der Kirche einschiffig errichtet wurde. Die

Fresken im Tonnengewölbe stammen aus dem 13./14. Jh.

■ ESSEN & TRINKEN ■

THE BOAT HOUSE [124 A5]

Modernstes, lebendigstes Restaurant am gemütlichen Hafen. Brasseriestil unten, enge Tischreihen oben, Meerblick und gute Meeresküche. *Tgl. | One North Quai | St. Aubin's Harbour | Tel. 01534/74 42 26 | €€*

OLD COURTHOUSE INN [124 A5]

St. Aubins bestes Restaurant. Auf mehreren Etagen thront man direkt über dem Hafen und fühlt sich doch wie im Bauch eines Schiffs. Alles pendelt zwischen rustikal und edel: Service, Ambiente und internationale Küche. *Tgl. | Tel. 01534/74 64 33 | www.oldcourthousejersey.com | €€*

OLD SMUGGLER'S INN [123 F6]

Mauerteile standen schon im 13. Jh., also längst eine Institution unter den Anwohnern. Man trinkt sein Bier am Kamin oder lässt sich im gemütlichen Restaurant vor großen Portionen *pubfood* nieder. *Tgl. | Ouaisné Bay | Tel. 01534/74 15 10 | €*

ZANZIBAR [123 F5]

Das beliebte Strandbistro mit dem Kolonialstillook ist genauso bunt wie seine Karte. Seafood mit asiatischer Verfeinerung oder vom Grill. *Mo geschl. | St. Brelade's Bay | Tel. 01534/74 10 81 | €€*

■ EINKAUFEN ■

DAVID HICK'S ANTIQUES ▶▶ [124 B3]

Ein Ausflug ins Inselzentrum über die A 10 führt nach Carrefour Selous zu einem ehemaligen Lebensmittelladen, heute David Hick's Antiques. Auf zwei Stockwerken treffen sich Antiquitätenfans in umgebauten Stallungen. *Mi, Fr, Sa 9.30–17.30 Uhr | Alexandra House | Carrefour Selous*

■ ÜBERNACHTEN

EULAH COUNTRY HOUSE   [124 B4]
Zwischen St. Aubin und St. Helier liegt das kleine, feine Landhaus im edwardianischen Stil ruhig oberhalb der Bucht. *11 Zi. | Mont Cochon | Tel. 01534/62 66 26 | Fax 62 66 00 | www.eulah.co.uk | €€*

HARBOUR VIEW   [124 A5]
Sehr gemütliches, kleines Hotel direkt am schönsten Hafen der Insel. 300 Jahre altes Haus, 14 modern eingerichtete Zimmer. Neuer Teegarten. *Le Boulevard | St. Aubin's Harbour | Tel. 01534/74 15 85 | Fax 49 94 60 | www.harbourviewjersey.com | €–€€*

SOMERVILLE HOTEL 🌿   [124 A5]
Wie ein schneeweißes Schloss steht das Hotel über St. Aubin, dem buntesten Hafenrund von Jersey. Panoramablick bis St. Helier. Zu den Restaurants sind es zwei Fußminuten. Großzügige Lounge, Pool, Palmen, Gartenblick beim Frühstück, freier

Bustransfer nach St. Brelade's und St. Helier. *59 Zi. | Mont du Boulevard | St. Aubin | Tel. 01534/74 12 26 | Fax 74 66 21 | www.dolanhotels.com | €€*

WINDMILLS HOTEL   [123 F5]
Helle, frische Einrichtung, 🌿 Restaurant mit Buchtblick, Pool. Oberhalb der geschäftigen St. Brelade's Bay. *40 Zi. | Mont Gras d'Eau | St. Brelade | Tel. 01534/74 42 01 | Fax 74 42 02 | www.windmillshotel.com | €€*

■ FREIZEIT & SPORT

PÉTANQUE   [123 F5]
Da Frankreich nur gut 20 km entfernt ist, konnte die gallische Begeisterung für das Spiel mit den silbernen Kugeln herüberschwappen. In St. Brelade's Bay gibt es einen Club, der **am Mittwochnachmittag Besucher mitspielen** lässt. *Les Quennevais Sport Centre | www.petanque.org.je* — Insider Tipp

STRAND- UND KLIPPENWANDERUNG AN DER SÜDKÜSTE [123 D–F5, 124 A5–6]
Diese rund 15 km lange Wanderung von St. Aubin zum Corbière Lighthouse verbindet grandiose Aussichten mit historischen Einblicken. Unterwegs gibt es immer wieder Gele-

▷ BLOGS & PODCASTS
Gute Tagebücher und Files im Internet

▷ *www.jersey_restaurants.blogs. com* – Hier erfährt man das Aktuellste über das, was in den Restaurants von Jersey auf den Tisch kommt und wie das jeweilige

Ambiente ist. Sehr persönlich und hilfreich.

▷ *www.ozleisure.com.au/traveller* – Ein australischer Podcast von 2008 über die Insel Jersey (Episode 4).

Für den Inhalt der Blogs & Podcasts übernimmt die MARCO POLO Redaktion keine Verantwortung.

genheiten zur Einkehr, weshalb Sie ruhig einen ganzen Tag einplanen sollten.

Start ist im kleinen Hafen von St. Aubin. Sie gehen die Hafenmauer entlang bis zum Old Court House Inn. Über Stufen geht es hinunter zum *Strand Vauvarin,* dem Sie etwa 1 km lang folgen. Bei Flut müssen Sie allerdings etwas über Steine klettern. Am Steg in der *Belcroute Bay* steigen Sie die Straße hinauf, vorbei am alten, versteckt gelegenen Herrensitz *Noirmont Manor.* An der Kreuzung mit der B 57 wenden Sie

Ein steiler Weg führt hinunter zur Portelet Bay ganz im Süden

sich nach Süden, um die Noirmonthalbinsel zu umrunden.

Nach einer halben Wegstunde entlang eines ✳ Klippenpfads ist das *War Memorial* am Noirmont Point erreicht. Geschütztürme, Bunker- und Geschützanlagen erinnern an die fünfjährige Besatzungszeit durch die Deutschen. Die Aussicht auf die Küste ist herrlich. Lenken Sie Ihre Schritte nach Westen und gehen entlang der Klippen, bis unter Ihnen der Strand der *Portelet Bay* auftaucht. Stufen führen in die Bucht hinunter, wo das *Portelet Inn* zu einer Pause lockt.

Weiter gehts etwa 1 km unter Eichen über das Portelet Common. Kurz bevor die *Ouaisné Bay* erreicht ist, passieren Sie oberhalb die Höhle *La Cotte de St. Brelade,* die nicht zugänglich ist. Knochenfunde von Nashörnern erinnern an Jerseys Festlandsvergangenheit bis vor 8000 Jahren. Bei Ebbe können Sie nun für eine gute halbe Stunde bis zum Ende der anschließenden St. Brelade's Bay am Strand entlangschlendern. Bei Flut teilt der Point Le Grouin die Buchten, man folgt dann der Mauer am Strandsaum. Zwei rotweiß bemalte Martellotürme säumen diesen Pfad.

Am Strand der *St. Brelade's Bay* tummeln sich Burgenbauer, Schwimmer und Sonnenanbeter. Am Westende der Bucht wartet ein Friedhof mit schöner alter Kirche und der *Fishermen's Chapel.* Von hier aus folgen Sie eine gute Stunde lang einem ginsterbestandenen ✳ Klippenpfad mit herrlichen Aussichten auf die isolierte Beauport Bay und zurück auf die zuvor durchlaufenen Buchten. Kurz vor dem Erreichen von Corbière Point taucht plötzlich das Inselgefängnis auf. Von hier aus ist es nur noch eine halbe Stunde bis zum Leuchtturm, der bei Ebbe zu Fuß erreicht werden kann.

Das *Lighthouse Restaurant* mit großen Panoramafenstern ist kulinarischer Endpunkt der Wanderung. Hier können Sie in den Bus zurück nach St. Aubin einsteigen oder gut 5 km über den Corbière Walkway zurück zum Ausgangspunkt laufen.

STRÄNDE

BEAUPORT [123 E5]

Der Parkplatz über der Bay sollte „Zur schönen Aussicht" heißen. Und der Name der Bucht („schöner Hafen") hält, was er verspricht. Romantiker bleiben oben und schauen, Piraten lockt der längere Abstieg, weil sie unten vielleicht auf einheimische Yachties treffen, die gern zum Lunch hierher segeln.

OUAISNÉ BAY [123 F5]

Nur bei Ebbe kann man von Ouaisné Beach zum St. Brelade's Beach laufen. Die Flut trennt die Buchten, Ouaisné wird dann für Stunden ein abgelegener Strand in einer ansonsten lebhaften Gegend. Vom Parkplatz an der Bay lohnt ein kurzer Ausflug zum hoch gelegenen Heidegebiet Portelet Common. Man kann dort den Singvogel *Dartford warbler* (Provencegrasmücke) beobachten, der auf der 5-Pfund-Note Jerseys abgebildet ist.

PORTELET BAY [124 A6]

Kleine, idyllische Bucht mit einer Insel und einem Turm östlich von Ouaisné Bay am Fuß des Noirmont

Point. Ein steiler Fußweg führt hinunter. Bei Ebbe kann man zum Turm laufen. Imbissbude, Toiletten und Sonnenschirmverleih.

ST. AUBIN'S BAY [124 A–C5]

Gut 5 km lang erstreckt sich der bei Ebbe breiteste Sandstrand der Insel zwischen St. Aubin und St. Helier. Jerseys Wassersportzentrum, aber man kann auch einfach nur der verkehrsreichen Uferstraße entfliehen und von einem Ort zum anderen wandern.

ST. BRELADE'S BAY [123 F5]

Herrlicher Badestrand in der populärsten Bucht von Jersey. Der Strand fällt flach ab, und das Wasser erwärmt sich schnell. Man kann Windschutz, Liegen und Sonnenschirme mieten.

AM ABEND

Die Nightlifeatmosphäre im kleinen Hafen von St. Aubin ist bodenständiger als die der City St. Helier. Im Pub *Tenby Bars* findet man sogar ruhige Ecken, wo es sich z. B. in Victor Hugos Kanalinselepos „Das Teufelsschiff" schmökern lässt. Ein halbes Dutzend gemütlicher Restaurants reiht sich wie auf einer Perlenkette auf und lädt zum gemütlichen Mahl und nachträglichen Verdauungsgang mit Blick auf Boote und Nachteulen. In der Nebensaison kommt man hier leicht ins Gespräch mit Einheimischen, und, wer weiß, vielleicht wird man dann zum gemeinsamen Austernsuchen am Wochenende eingeladen. Im teureren Ambiente der St. Brelade's Bay feiert man nach Sonnenuntergang in den Hotels.

ST. HELIER

KARTE IN DER HINTEREN UMSCHLAGKLAPPE

[124 C5] **Die Hauptstadt Jerseys hat zwar nur 28 000 Ew., dominiert aber die Insel mehr, als St. Peter Port das auf Guernsey vermag.** St. Helier hat alles, was eine Stadt ausmacht. Seine aus der Geschichte erwachsene Potenz demonstriert das wuchtige Elizabeth Castle vor der Hafeneinfahrt. Dazu liegt St. Helier herrlich in eine großzügige Sandbucht eingebettet. Ein wuchtiger Felsen, der die City begrenzt und einen Straßentunnel erzwang, steht für das Komplexe einer echten Stadt. Oben auf dem Berg entstand 1966 in den Mauern des alten Fort Regent eine große Freizeit- und Entertainmentanlage, die Kultur und Sport viel Platz einräumt, aber der Stadt auch eine optische Wunde zufügte.

Noch überzeugender als Stadt wirkt St. Helier am Hafen, wo man dem von starken Gezeiten geprägten Meer immer wieder neue Areale abringt – sei es, um neue Liegeplätze für Yachten zu schaffen oder um die Stadt selbst weiter ins Meer hinauszuschieben, wie mit der großzügig neu bebauten Waterfront geschehen.

Besuchern entgeht nicht, dass diese Stadt ein Glückskind ist, begünstigt vom Golfstromklima und der lange Zeit so prekären strategischen Zankapfellage zwischen England und Frankreich, die sich letztendlich zu einem Vorteil entwickelt hat. In St. Helier wird der Jerseyaner aus seiner britischen Reserve gelockt; allerdings mit der Hilfe des in Strömen in das Steuerparadies Jersey fließenden Geldes. Die Präsenz zahlloser Banken belegt dies im Straßenbild.

◼ SEHENSWERTES ◼

BERESFORD FISH MARKET ★   [U C4]

Viel kleiner als der Central Market, aber dafür in älterer Halle und mit

Elizabeth Castle: Auf einer Felsinsel liegt St. Heliers imposanter Vorposten im Meer

dem viel spannenderen Warenange-
bot lockt der Fischmarkt. Frische
Meerestiere in jeder Form und Größe
sind ein manchmal bizarrer, jedenfalls aber faszinierender Augen-
schmaus. *Mo–Mi, Fr, Sa 7.30–17.30,
Do 7.30–14 Uhr | Beresford Street*

CENTRAL MARKET [U C4]

Die Viktorianer bauten nicht nur Bur-
gen, sondern auch diese schöne
Markthalle mit Glasdach, griechi-
schen Säulen und eisernen Streben.
Aus dem typischen Marktangebot
sticht ein Blumenstand hervor, von
dem Sie jemand Liebes mit einem
floralen Gruß bedenken können. *Mo
bis Mi, Fr, Sa 7.30–17.30, Do 7.30
bis 14 Uhr | Halkett Place*

ELIZABETH CASTLE [124 C5]

Die imposante Festung liegt einen
knappen Kilometer außerhalb des
Hafens auf einer Felsinsel im Meer.
Im ausgehenden 16. Jh. als Ersatz für

das unzureichende Gorey Castle errichtet, diente es dem Schutz vor An-
greifern von See. Während des englischen Bürgerkriegs mussten sich die
Royalisten, insbesondere die Familie
de Carteret, gegen die Parlamentarier
in der Burg verschanzen. Das harte
Soldatenleben auf dem Felsen wurde
über die Jahrhunderte durch Moder-
nisierung und Anschluss an die Was-
serversorgung erleichtert. Es starben
wohl etliche Soldaten, die – nüchtern
oder betrunken – zwischen Stadt und
Burg pendelten.

In den Achtzigerjahren des 19. Jhs.
wurde deshalb ein befestigter Übergang geschaffen. Besucher benutzen
bei Ebbe diesen 750 m langen *causeway* oder lassen sich in *puddle ducks*
genannten Booten übersetzen. Das
Kleinod der Anlage ist die Hermi-
tage-Kapelle, die Sie über einen
zweiten Causeway erreichen. Hier
soll im 6. Jh. der Mönch St. Helier
gehaust haben. *April–Okt. tgl. 10–18
Uhr | 10,50 Euro*

JERSEY MARITIME MUSEUM ★ [U B5]

Wenn Sie nur ein Museum in St. Helier besuchen mögen, dann bitte dieses! Mal spielerisch-klamaukig, mal
wissenschaftlich wird der Blick für
alles rund um Ozean, Boote, Seeleute
und Fischer geschärft – ein besonde-
rer Spaß mit Kindern. Im selben Ge-
bäude ist die *Occupation Tapestry
Gallery* untergebracht. Auf zwölf ge-
meinschaftlich handgeknüpften,
neuen Wandteppichen zeigen die
zwölf Inselgemeinden die Zeit der
deutschen Besetzung – im Geiste des
berühmten Wandteppichs von Ba-
yeux. Fotos dienten als Vorlage und
wurden so naturalistisch umgesetzt,

dass manch ein Besatzungsveteran sich wiedererkannte. *April–Okt. tgl. 10–17, Nov.–März 10–16 Uhr | 10 Euro | New North Quay | www.jerseyheritagetrust.org*

Maritime Museum: ein modern konzipiertes Museum, das auch die Kids begeistert

JERSEY MUSEUM   [U B4]

Wie reich Jerseys Geschichte ist, zeigen die drei Etagen des ausgezeichneten, modernen Museums. Kunst, Geschichte, Soziales und Surreales werden gezeigt, die alte Inselsprache Jèrriais kommt zu Gehör. *Tgl. 9–17 Uhr | 9 Euro | The Weighbridge | www.jerseyheritagetrust.org*

■ ESSEN & TRINKEN

BOHEMIA   [U C4]

Ein Gourmettipp für den besonderen Abend im Beaufort Hotel. *Tgl. |*

Green Street | Tel. 01534/88 05 88 | www.bohemiajersey.com | €€€

CITY RESTAURANT & BAR   [U B–C4]

Modernes Interieur, klasse Küche und Internetanschluss an jedem Tisch. *Mo geschl. | 75–77 Halkett Place | Tel.01534/51 00 96 | €€*

LONGUEVILLE MANOR   [125 D5]

Eine Empfehlung für Gourmets: ausgezeichnete französische Küche in gediegen-urigem Ambiente eines Herrenhauses aus dem 13. Jh. im nordöstlich an St. Helier angrenzenden St. Saviour. *So geschl. | Longueville Road | Tel. 01534/72 55 01 | www.longuevillemanor.com | €€€*

MUSEUM BRASSERIE   [U B4]

Im Jersey Museum, wobei die besten Plätze draußen sind (sehenswerte Skulptur). Seafood wird mit allen Aromen der Welt vermählt. *So/Mo 9 bis 17 Uhr, Di–Sa 9–24 Uhr, Mi/Do Livemusik | Tel. 01534/51 00 69 | €€*

■ EINKAUFEN

KING STREET   [U B4]

Auf der King Street sind zwar die Fassaden alt und gemütlich, aber bei den oft exquisiten Auslagen kann dennoch Shoppingstress aufkommen. Damenschuhe wie untragbare Skulpturen, alle Düfte dieser Welt, ein Geschäft voller Seifen, lüstern lockende Juwelierauslagen und die Schöpfungen der Modezaren: Alles ist zu kaufen, als befinde man sich nicht auf einer kleinen Insel, sondern irgendwo in einer boomenden Shoppingmetropole – und seit 2008 gibt es sogar eine Mehrwertsteuer von schwindelerregenden drei Prozent.

Natürlich gibt es auch Traditionelles: die berühmten Jerseypullover (um 95 Euro), die auf 500 Jahre Rundstricktechnik zurückblicken können.

An der Kreuzung von King Street und New Street lohnt es sich zu verschnaufen, denn manchmal dudelt die Spieluhr an der Fassade drei Hymnen auf Jersey: Who Wants to be a Millionaire, By the Seaside und Old McDonald had a Farm.

■ ÜBERNACHTEN

ALHAMBRA [U C5]

Viktorianisches Stadthotel in Citynähe. Leider kaum Parkmöglichkeiten. *18 Zi. | Roseville Street | Tel. 01534/73 21 28 | Fax 73 17 71 | www.alhambrahotel.net | €–€€*

HAMPSHIRE HOTEL [U C2]

Gutes Mittelklassehotel mit beheiztem Pool. Modern renovierter Kolonialstil wenige Gehminuten vom Zentrum. *42 Zi. | 53 Val Plaisant | Tel. 01534/72 41 15 | www.hampshire hotel.co.uk | €€*

THE HOTEL REVERE [U A3]

Gemütliches Stadthotel mit herzlichem Service in über 300 Jahre alten Mauern. Offene Kamine, Pool, individuell gestaltete Räume und drei Restaurants. Gute Parkmöglichkeit. *58 Zi. | Kensington Place | Tel. 01534/61 11 11 | Fax 61 11 16 | www. revere.co.uk | €€–€€€*

■ FREIZEIT & SPORT

WATTWANDERN

Fällt Jerseys Ostküste bei besonders starkem Gezeitenunterschied mehrere Kilometer ins Meer hinein trocken, sind die etwa 2 km vor der Küste in der Royal Bay of Grouville liegenden, alten Wehrtürme *Icho* und

> BÜCHER & FILME
Fünf Empfehlungen fürs Inselgepäck oder für zu Hause

> **Inselwahn** – Der feine Thriller von Tom Binding versetzt – obwohl 1999 verfasst – in die schwierigen Verhältnisse zwischen Insulanern und deutschen Besatzern auf Guernsey in den frühen Vierzigerjahren.

> **Die Rosenzüchterin** – Charlotte Link lässt die Besatzung der Kanalinseln in ihre auf Guernsey spielende Erzählung einfließen. Lokalkolorit mit Mord.

> **Inselsommer** – Der Franzose Eric Orsenna erzählt die wunderbare Geschichte einer Nabokov-Übersetzung ins Französische auf einer Insel im Kanal. Eine frivole, feinsinnige und ironische Vermählung von Literatur, Liebe und Inselmagie.

> **Das Bild der alten Dame** – Die Journalistin Petra Oelker ist für ihre Hamburgkrimis bekannt. Dieser spielt sowohl dort als auch auf Jersey.

> **Jim Bergerac ermittelt** – John Nettles, heute als Fernsehinspektor Barnaby bekannt, ermittelte in 90 Folgen als versoffener, hinkender Polizist auf Jersey. Die Synchronisation stammt noch aus Defa-Zeiten. Das Auto des Kultermittlers – ein Triumph Roadster – steht beim Juwelier Jersey Goldsmith in St. Lawrence neben einem Aston Martin von James Bond.

ST. HELIER

Seymour Tower zu Fuß erreichbar. Die dreistündigen, geführten Wanderungen bieten tolle Aussichten auf die Küste, noch interessanter sind jedoch die Einblicke in Fauna und Flora von Jerseys besserer Hälfte, dem unesco-geschützten Wattbereich. Tipp: Mit Watt- oder Kajakguide die **Insider Tipp** einfache Übernachtungsmöglichkeit im meerumspülten Seymour Tower nutzen (siehe Kasten) – frühzeitig buchen! *Mai–Dez. 3- bis 4-mal/Monat, auch nachts | 16 Euro | www.jerseywalkadventures.co.uk*

AM ABEND

Für das Nachtleben in St. Helier sollte Mann wenigstens ein gutes Hemd einpacken, denn freitags und samstags sieht man in der City ganz gern Kragen. Das gilt für Nachtclubs, in denen das Treiben sich meist zwischen 22 und 2.30 Uhr entfaltet. Vorher holt man sich in einem der zahlreichen Pubs den nötigen Swing, etwa in *Bellini's Jazz Bar* in der *Broad Street* (Mo bis Sa Livejazz). Livemusik ist zumindest am Wochenende fast überall Trumpf. Das gilt an jedem Abend für das *Chambers* in der *Mulcaster Street,* das Pubatmosphäre mit einer Liveband im Hinterzimmer verbindet. Die neue Waterfront-Gestaltung an der *Route de la Liberation* ließ die Hightechdisko *Liquid & Envy Nightclub* und das *Chicago Rock Café* aus dem Boden schießen.

Eine Topadresse fürs Nacht- und Musikleben ist und bleibt das *Watersplash* (kein Dresscode) weit entfernt von St. Helier an der Westküste. Deshalb fährt um 22.30 Uhr ein Bus vom Liberation Square dorthin, Rückfahrt um 2.30 Uhr.

AUSKUNFT

JERSEY TOURISM [U B4]
Liberation Square | Tel. 01534/ 44 88 00 77 | Fax 44 88 98 | www.jersey.com

ZIELE IN DER UMGEBUNG

ERIC YOUNG ORCHID FOUNDATION [125 D3] **Insider Tipp**
In einem großen Gewächshaus wuchern die Orchideen des verstorbe-

nen Sammlers und Wissenschaftlers Eric Young. Einige sind nach ihm benannt. Von der A 8 der Beschilderung folgen. *Mi–Sa 10–16 Uhr | 4,50 Euro | www.ericyoungorchidfoundation.co.uk*

LA HOUGUE BIE ⭐ [125 E4]

Man zieht den Kopf ein und begibt sich andächtig ins älteste erhaltene Inselbauwerk, ein von etwa 3000 v. Chr. stammendes *Ganggrab (März bis Okt. tgl. 10–17 Uhr | 8,50 Euro).* Dazu muss man im Innern eines etwa 15 m hohen Hügels, der sich über der Anlage türmt, verschwinden. Das Megalithgrab gehört zu den bedeutendsten seiner Art in Europa. Es besteht aus ungefähr 70 Steinen, die einen 10 m langen Gang und einen großen Raum umschließen.

Das Kirchlein auf dem Hügel beherbergt die *Notre Dame de la Clarté* aus dem 12. und die *Jerusalem Chapel* aus dem 16. Jh. Nebenan zeigt

die Société Jersiaise in ihrem *Archaeology and Geology Museum (April–Okt. tgl. 10–17 Uhr | 6 Euro)* Exponate zur Geologie und Archäologie, und in einem ehemaligen deutschen Bunker hat man ein Denkmal für Zwangsarbeiter eingerichtet. *www.jerseyheritagetrust.org*

SAMARÈS MANOR [125 D5–6]

Ein Muss für Kräuterhexen und ein Familienziel wegen der Reit- und Weidetiere. Außer dem berühmten Kräutergarten gibts am Herrenhaus noch einen japanischen und einen Wassergarten. Täglich außer samstags wird Falkenjagd vorgeführt, im August gibts Shakespeare im Garten. Jerseys bekannter mannshoher Kohl *(long Jack cabbage)* wird hier zu traditionellen Wanderstäben verarbeitet. Außerdem werden Führungen durch das Herrenhaus angeboten. *April bis Okt. tgl. 9.30–17 Uhr | 9 Euro | www.samaresmanor.com*

> FORTS UND TÜRME
Sechs besonders coole Tipps zum Wohnen auf Jersey

Exklusives, romantisches Übernachten in sehr unterschiedlichen historischen Gebäuden für Selbstversorger: ein Tipp für Paare oder Freundeskreise von sechs bis acht Personen. Sechs außergewöhnliche Locations: *Barge Aground,* ein Holiday-Cottage in Bootform aus den Dreißigerjahren im Art-déco-Stil an der St. Ouen's Bay; *Corbière Radio Tower,* ein unter deutscher Besatzung entstandener Funkturm aus Beton beim Leuchtturm mit 360-Grad-Überblick vom 🌿 Wohnzimmer; im *Elizabeth Castle Apartment* residieren Sie im Schloss auf dem

Inselchen vor St. Helier; *Fort Leicester* ist eine einsame Küstenfestung mit Rittersaal in Bouley Bay, die *Grève de Lecq Barracks* sind Offiziersunterkünfte aus napoleonischer Zeit in der Bucht an der Nordküste. Und 2 km vor der Küste in der Royal Bay of Grouville erhebt sich Seymour Tower, ein Wachturm von 1782. Wochenpreise ab 660 Euro, drei Nächte in der Nebensaison ab 400 Euro, Seymour Tower ab 325 Euro pro Nacht inklusive *guide.* Informationen und Buchung über *www.jerseyheritagetrust.org,* Menüpunkt „Heritage Lets" anklicken.

> SAVOIR-VIVRE UND BRITISCHE ELEGANZ

Puderfeine Sandstrände, dramatische Klippen,
romantische Sonnenuntergänge und Cottages wie aus einem
Agatha-Christie-Film

> **Ist der Himmel kristallklar und die Wolkenpracht wie frisch gewaschen, reicht der Blick von Guernsey bis zur rund 45 km entfernten Normandie.**
Die Nähe zur Grande Nation und die direkte Zugehörigkeit zur britischen Krone machen Charme und Besonderheit der mit 65 km² zweitgrößten Kanalinsel aus. Sie ist weniger elitär als Jersey, wird jedoch durch einen exklusiven Lifestyle geprägt. Musiker Paul Young besitzt hier Eigen-

tum, Schauspieler Oliver Reed lebte Jahre im Norden der Insel und war den Pubs verfallen. Auch ging das Gerücht, Sean Connery habe sich eingekauft. Doch der Ex-007 wurde noch nicht offiziell entdeckt. Und das würde er, selbst als Spion der Majestät – denn jeder kennt hier jeden.

Die Menschen sind wohlhabend, Arbeitslosigkeit ist kein Thema auf Guernsey. Von den 65 000 Ew. sind allenfalls wenige Hundert ohne Job.

Bild: Hafen in St. Peter Port

GUERNSEY

Die Kriminalitätsrate bewegt sich ebenfalls nahe am Nullpunkt – ahndenswerte Delikte sind allenfalls zu schnelles oder alkoholisiertes Autofahren.

Solche Idylle lockt zu dauerhafter Residenz, doch unliebsame Zuwanderer werden von den extrem hohen Immobilienpreisen abgehalten. Es gibt einen *open market,* auf dem ein bescheidenes Cottage so viel kostet wie eine Villa an der Hamburger Außenalster, und es gibt den *local market,* der den Insulanern vorbehalten und nur etwa halb so teuer ist.

Guernsey hat sich dank des Finanzgeschäfts zu einer prosperierenden Insel gemausert. 60 Prozent der Wirtschaftsumsätze stammen aus der Banken- und IT-Branche, 14 Prozent werden im Tourismus erzielt und nur sieben Prozent mit Blumen und Landwirtschaft, den früheren Aushängeschildern.

Zehn Gemeinden *(parishes)* verteilen sich über Guernsey. Es ist ein Eiland der zwei Gesichter: Die Südküste ist gekennzeichnet durch Steilküste und malerische Klippenpfade. Die Nordwestküste erinnert an Long Island: breite Strände, zartes Licht, wogendes Dünengras und roséfarbener Fels prägen die Landschaft. Sobald sich die Flut mit dem zweitgröß-

Die ungezählten Buchten sind immer noch so malerisch wie 1883, als Auguste Renoir sie in Öl malte. Einer seiner schönsten Zyklen zeigt die Moulin Huet Bay. Zum Regierungsbezirk von Guernsey, dem Bailiwick, gehören die kleinen Inseln Alderney, Herm und Sark. Eine kurze Fährfahrt oder ein Minutenflug verbindet sie mit ihrem Amtsbezirk.

Der Süden ist Bauernland: Gutshof auf Guernsey

ten Tidenhub der Welt (bis zu 12 m) zurückzieht, staksen Austernfischer und Brachvögel auf dünnen Beinen durch den Sand oder trocknen ihre Flügel auf den Klippen. Viele Zugvögel nutzen das milde Klima der rund 2025 Sonnenstunden im Jahr, um zu überwintern. Wenn die ersten Osterglocken aufblühen oder die blauen Wildhyazinthen, verschwinden sie wieder. Dann beginnt die Saison. Über 300 000 Urlauber besuchen im Schnitt pro Jahr die Insel; überlaufen ist sie dennoch nicht.

Da auch auf Guernsey die Siedlungen keinen ausgeprägten Ortscharakter besitzen, ist dieses Kapitel nicht nach Orten, sondern im Uhrzeigersinn nach den Himmelsrichtungen untergliedert – mit Guernseys einziger Stadt St. Peter Port als Schluss- und Höhepunkt.

DER SÜDEN

Der Süden von Guernsey ist ein Land der Farmer mit alten Granithöfen, Glashäusern, in denen Trauben reifen, und den *ho-*

nesty boxes am Wegesrand: darin frisches Gemüse, Schnittblumen oder Saisonobst. Man hinterlegt Geld und nimmt sich die Ware. Vier *parishes* teilen sich den „Garten der Insel". Die Gemeinde St. Andrew (2400 Ew.), die einzige ohne eigenen Küstenzugang, die kleinste *parish* Torteval (1000 Ew.) mit ihrer schottlandreifen Hochebene sowie Forest (1500 Ew.) und St. Martin (6300 Ew.). Das stark besiedelte St. Martin ist nicht nur die wohlhabendste, sondern auch die schönste *parish* mit urigen Steincottages, in denen Miss Marple hausen könnte, mit alten Herrenhäusern und Oldtimern, die in den Garagen schlummern.

Der Süden ist eine Region für Romantiker und Wanderer. Ginstergesäumte Pfade führen um die Küste, einsame Buchten locken zu Robinsonaden, stilvollen *cream tea* serviert man in den Hotels. Dramatik bietet die Gemeinde Forest: Steil thronen die Klippen über dem Meer. Ihren Namen verdankt sie früheren Waldbeständen, die heute nur noch in Fragmenten erhalten sind.

■ SEHENSWERTES

GERMAN OCCUPATION MUSEUM [120 C5]

Alte Plakate, Aufrufe, Wachzimmer, Uniformen, Kurbeltelefone – das private Museum nahe der Kirche von Forest zeigt zahlreiche Gegenstände aus der deutschen Besatzungszeit. *April–Okt. tgl. 10–17, Nov.–März Di bis So 10–13 Uhr | 5 Euro*

GERMAN UNDERGROUND MILITARY HOSPITAL [121 D5]

Das Klopfen war bis in die tiefe Nacht zu hören: Zwangsarbeiter mussten in rund dreijähriger Arbeit den 2 km langen Stollen in Erde und Gestein graben. Später wurde die gespensti-

MARCO POLO HIGHLIGHTS

★ **St. Peter Port**
Mondäne Mischung aus England und Frankreich (Seite 70)

★ **Castle Cornet**
Jeden Tag um 12 Uhr wird der traditionelle Kanonenschuss abgefeuert (Seite 72)

★ **Cobo Bay**
Vorhang auf zum Naturtheater: famose Sonnenuntergänge an der Cobo Bay (Seite 67)

★ **Klippenpfade**
28 Meilen traumwandern zwischen Himmel und Erde, Ginster und Meer (Seite 63)

★ **Dolmen Le Déhus**
Hexenwerk, ritueller Platz oder teuflischer Versammlungsort? (Seite 68)

★ **Moulin Huet Bay**
Eine Bucht wird Bild: Renoir malte sie mit Leidenschaft (Seite 60)

★ **Fermain Bay**
Die Perle unter den Buchten (Seite 63)

★ **Sausmarez Manor**
Über 120 Skulpturen zieren diesen Garten Eden (Seite 60)

★ **Hauteville House**
Verspukt, verträumt, skurril: die weiße Villa des großen Victor Hugo (Seite 73)

sche Kulisse als Krankenhaus für deutsche Verwundete genutzt. Privates Museum mit viel Atmosphäre. *April–Okt. tgl. 10–12 und 14–16, Juli/Aug. 10–16.30 Uhr | 4,50 Euro*

LA GRANDMÈRE DU CHIMQUIÈRE [121 E5]

Die Grandmère du Chimquière ist ein rund 4000 Jahre alter Menhir aus der Zeit, als der Glaube an Hexen und Geister lebendig war. Noch immer werden der „Großmutter des Friedhofs" Bitten um Familienglück oder Fruchtbarkeit nahe gebracht. Sie wartet an der Friedhofspforte von der St. Martins Parish Church.

ICART POINT UND SAINTS BAY [121 D6]

Ein Wanderziel mit Ausblick: Gegenüber vom Saints Bay Hotel beginnt ein ☀ Klippenpfad, der sich hinunter in die Saints Bay schlängelt. In der anderen Richtung geht es durch die Klippen zum ☀ Icart Point mit weiten Blicken aufs Meer. Zur Belohnung: *high tea* im Icart Teahouse.

LITTLE CHAPEL [120 C5]

Mit nur 5 m Länge ist die Little Chapel in Les Vauxbelets das kleinste Gotteshaus der Welt. Sie wurde von dem katholischen Ordensbruder Déodat ab 1914 erbaut, liebevoll mit Porzellan- und Glasscherben sowie Muscheln bestückt. Rund zehn Jahre später war sie fertiggestellt, und der Bischof von Portsmouth sollte sie weihen. Der Hüne konnte in der kleinen Kirche jedoch nicht stehen …

MOULIN HUET BAY ★ [121 E6]

Erst in der Lounge des Hotels *Bella Luce* einen *cream tea* einnehmen,

später am Bachlauf entlang zur Bucht spazieren (ca. 1,5 km). Auf dem Weg liegt die *Moulin Huet Pottery* mit hübschen Keramikbechern. Ein Klippenpfad führt hinunter zur romantischen Badebucht.

PLEINMONT-HOCHEBENE ☀ [120 A5]

Eine Hochebene, die an Schottland erinnert: dramatische Ausblicke aufs Meer, ein Netz von Wanderwegen und die Ausläufer des von der Ostküste kommenden Küstenpfads treffen sich hier. Auf dem Plateau ragt der *Pleinmont Tower (April–Okt. Mi und So 14–17, Nov. und März So 14 bis 16 Uhr)* empor mit einer Ausstellung über den Atlantikwall. Südwestlich finden sich die grasbewachsenen Überreste des *Haunted House,* des Spukhauses, das Victor Hugo in „Die Arbeiter des Meeres" beschrieb.

LES PRÉS DE JERBOURG GARDENS ☀ [121 E6]

Die Gartenanlage auf den Klippen von Jerbourg Point umfasst vier unterschiedliche Grünflächen mit Seen, Felsen und exotischen Pflanzen. *April–Sept. tgl. 14–17 Uhr | für Privatführungen Anmeldung unter Tel. 01481/23 61 58*

SAUSMAREZ MANOR ★ [121 E5]

Herr des granitenen Manorhouse mit Parkanlage in St. Martin ist Peter de Sausmarez. Seit dem Jahr 1220 lebt seine Familie, die ursprünglich aus Skandinavien stammt, auf der Insel. Das *Herrenhaus (8 Euro)* beherbergt verschiedene Ausstellungen: eine *viktorianische Puppenhaussammlung,* eine *Eisenbahn für Kinder* und als Highlight den *Sculpture Trail*

(6 Euro) mit über 100 Skulpturen aus Glas, Bronze, Metall und Granit, der sich durch einen exotisch anmutenden Garten schlängelt. Ein Besuch lohnt sich besonders am Samstagvormittag, weil dann von April bis Oktober ein *Markt* mit einheimischen Produkten aller Art stattfindet. Beson-

■ESSEN & TRINKEN

THE AUBERGE ❄ [121 E5–6]

Erst die Aussicht am Jerbourg Point genießen, dann ein Cocktail auf der Terrasse und ein Dinner mit frischen Jakobsmuscheln – reservieren! *Tgl. | Jerbourg Road | St. Martin | Tel. 01481/ 23 84 85 | www.theauberge.gg | €€€*

Ehrwürdige Ahnenblicke: Herrenhausstimmung im Sausmarez Manor

ders zu empfehlen: ausgezeichnete Käsesorten und Biofleisch von der *Meadow Courts Farm,* die für den Trend zur regionalen Slowfood-Produktion steht. Ebenfalls einheimisch und handgefertigt sind die schönen Objekte von Mark Duncan im Lädchen *Little Green Island,* der täglich geöffnet hat. *Gärten tgl. 10–17 Uhr; Haus April–Okt. tgl. 10.30, 11.30 und (nur Juni–Sept.) 14 Uhr | www.saus marezmanor.co.uk*

THE BEACH CAFÉ [121 E5]

Typisch legeres Strandcafé am Ende einer typischen Stichstraße küstenwärts – meint man. Aber hier wird das Essen der herrlichen Buchtlage gerecht. Von den Appetithappen über den Fisch bis zum opulenten Nachtisch schmeckt alles so vorzüglich, dass sich der Weg unbedingt lohnt: entweder die 45 Minuten von St. Peter Port über den Küstenpfad oder die paar Minuten vom Parkplatz. Reservieni! *Tgl.* | *Fermain Bay* | *Tel. 01481/23 86 36* | *€–€€*

CHRISTOPHE ▶▶ [121 E5]

Die Gourmetszene ist hier richtig. Das Toprestaurant liegt im schönen Fermaintal und serviert ausgezeichnete französische Küche. Wer hier dennoch preiswert drei Gänge essen möchte, sollte ==zum Gourmetfestival Tennerfest *(www.tennerfest.com)* im Oktober/November anreisen.== *Tgl.* | *Fort Road* | *Fermain Valley* | *Tel. 01481/23 07 25* | *www.christophe-restaurant.co.uk* | *€€€*

>LOW BUDGET

> Zwischen 17 und 19 Uhr bieten zahlreiche Restaurants in St. Peter Port preiswerte *early bird meals* an: Zweigängemenüs (manchmal mit einem Glas Wein) für 10–20 Euro.

> Auch auf Guernsey übernachtet man am günstigsten natürlich im Zelt (7–9 Euro/Person). Zwei schön in der Natur gelegene Plätze: *La Bailloterie Camping (Tel. 01481/24 36 36 | www.campinginguernsey.com)* in St. Sampson veranstaltet im Sommer Partyabende mit Boule und Livemusik. Und auf dem Platz der abgelegenen *Fauxquets Farm (Tel. 01481/25 54 60 | www.fauxquets.co.uk)* zwischen St. Andrew und St. Saviour serviert das gemütliche *Haybarn Restaurant (€)* leckere hausgemachte Speisen.

> Die öffentlichen Busse sind konkurrenzlos preiswert: Ein Zehn-Fahrten-Ticket vom Busterminal in St. Peter Port kostet pro Fahrt nicht einmal 60 Cent.

■ EINKAUFEN

CATHERINE BEST [121 E5]

Mehrere Designpreise hat die Goldschmiedin für ihren Schmuck eingeheimst. Auch Bezahlbares, z. B. Silberohrringe ab 60 Euro. *Steam Mill Lane* | *St. Martin* | *www.catherinebest.com*

■ ÜBERNACHTEN

LA BARBARIE HOTEL [121 D5]

Romantisches Steinhaus mit mehrfach ausgezeichneter Küche und 23 komfortablen Zimmern. *Saints Road* | *St. Martin* | *Tel. 01481/23 52 17* | *Fax 23 52 08* | *www.labarbariehotel.com* | *€€*

HOTEL BELLA LUCE [121 D5]

Das romantische Granithaus thront in einem Garten, in dem man auch das Frühstück einnehmen kann. Küzlich renoviertes Interieur. Restaurant, Pub, *cream tea. 31 Zi.* | *La Fosse* | *St. Martin* | *Tel. 01481/23 87 64* | *Fax 23 95 61* | *www.bellalucehotel.com* | *€€*

HOTEL BON PORT ✺ [121 E5–6]

Korsikaambiente über der Bucht. Das Hotel wirkt etwas in die Jahre gekommen, besticht aber durch seine herrliche Klippenlage am Ende eines typischen, superschmalen Küstensträßchens. *18 Zi.* | *Moulin Huet* | *St. Martin* | *Tel. 01481/23 92 49* | *Fax 23 95 96* | *www.bonport.com* | *€€*

CASTAWAYS GUEST HOUSE ✺ [121 D6]

Privates Haus mitten auf den Klippen. Die zwei Zimmer sind einfach, aber mit wunderschönen Ausblicken. Es gibt einen abgeschirmten Sonnenbalkon, abends rauscht nur das Meer.

Petit Bôt Bay: Sandbucht für Romantiker

Auf demselben Grundstück gibt es zwei hübsche Feriencottages mit Blick aufs Meer. *Bon Port | St. Martin | Tel. 01481/23 90 10 | castaways @cwgsy.net | €*

MAISON BEL AIR GUEST HOUSE [120 C6]

Das Steinhaus ist ein Hideaway inmitten von Gärten unweit der Klippenpfade. Gemütliche, kleine Zimmer und ein kräftiges Frühstück bieten einen guten Start. *6 Zi. | Le Chêne | Forest | Tel. 01481/23 85 03 | Fax 23 94 03 | www.maisonbelair.com | €*

SAINTS BAY HOTEL [121 D6]

Kein Trugbild? Nein, ein atemraubender Platz hoch über der Saints Bay. Davor beginnen die Klippenpfade. *36 Zi. | Icart Point | St. Martin | Tel. 01481/23 88 88 | Fax 23 55 58 | www.saintsbayhotel.com | €€*

■ FREIZEIT & SPORT

KLIPPENPFADE ★ ☀

Guernsey bietet ein knapp 30 Meilen langes Netz von Klippenpfaden. Seit 1927 unter Schutz gestellt, sorgt ein acht Mann starker Trupp für ihre Instandhaltung. Ein Inselbesuch wird nicht ausreichen, um alle Pfade zu entdecken. Am schönsten wandert es sich zur Blütezeit im Frühjahr: Wildblumen flankieren die Klippen, die klare Sonne erlaubt weite Blicke auf Buchten und Meer.

SEGELFLIEGEN [120 C5]

Segelflugstunden können Sie, das nötige Kleingeld vorausgesetzt, beim *Guernsey Flying Training* nehmen. *Aero Club | Le Planque Lane | Forest | Tel. 01481/26 52 67 | Fax 26 38 30 | www.guernseyaeroclub.com*

■ STRÄNDE

FERMAIN BAY ★ [121 E5]

Den windgeschützten Sandstrand zwischen Küstenpfad und blühendem Wald schätzte schon Victor Hugo.

PETIT BÔT BAY [121 D6]

Feinsandig (bei Ebbe) und windgeschützt. Das *Café Las Tapitas (tgl. | Tel. 01481/23 92 61 | €)* mit seiner **Insider Tipp** leckeren spanischen Küche versetzt dazu in mediterrane Stimmung. Die Öffnungszeiten sind gezeitenabhängig!

SAINTS BAY [121 D–E6]

Insider Tipp Vom ☀ Saints-Bay-Parkplatz geht es hinunter zum muschelweißen Strand der Saints Bay – ein intimer Badeplatz.

■ AM ABEND ■

WICKED WOLF BAR   [121 D5]
Ein beliebtes Pub im New Carlton Hotel. *La Route des Cornus | St. Martin*

DER WESTEN

Die Westküste Guernseys vermittelt Urlaubsgefühl pur: lange Strände, leichter Wind, Häuser mit großen Panoramafenstern und Blick aufs Meer. Jeder Tag wird hier zum Schauspiel, jeder Balkon zur Loge, wenn am Himmel ein unvergesslicher Sonnenuntergang glüht. Drei *parishes* residieren auf diesem Inselteil: das große, meerorientierte Castel (9000 Ew.) mit langen Stränden und der Cobo Bay – im Sommer pure Badelust. Dann St. Saviour (2700 Ew.), das mit seinen felsigen Buchten, den kleinen Kapitänshäusern und Booten das Land der Fischer ist. Und schließlich St. Peter-in-the-Wood (St-Pierre-du-Bois, 2200 Ew.) mit der ertragreichsten Austernbank der Insel in Portelet Harbour.

■ SEHENSWERTES ■

DOLMEN LE TRÉPIED   [120 B4]
An der Perelle Bay steht dieses rund 6 m lange Ganggrab aus dem 3. Jahrtausend v. Chr. Träger- und Deckensteine sind erhalten.

FOLK MUSEUM   [121 D3]
Die idyllische Parkanlage Saumarez Park wird beherrscht von einem Herrenhaus. Die ehemaligen Ställe beherbergen das Folk Museum: Küche, Schlafzimmer, Waschhaus und eine Molkerei vermitteln das Leben der viktorianischen Zeit. Es gibt einen Tearoom und einen National Trust Shop. *Ende März–Mitte Okt. tgl. 10 bis 17 Uhr | 4,80 Euro | www.natio naltrust-gsy.org.gg*

FORT GREY & SHIPWRECK MUSEUM   [120 A5]
Die Gewässer vor den Kanalinseln sind gefährlich und fordern bis heute Todesopfer. Im 1803 gebauten, weißen Turm von Fort Grey werden die Schiffsunglücke vor Guernsey anschaulich dargestellt. *April–Okt. tgl. 10–17 Uhr | 1,50 Euro*

LIHOU ISLAND   [120 A3–4] *Insider Tip*
Das bei Flut von der Westküste abgeschnittene Eiland wurde unlängst als international wertvolles Feuchtgebiet anerkannt. Man kann auf der Insel, die die Ruinen eines Klosters trägt,

> FLOWER-POWER
Betörende Düfte und üppige Blütenpracht

Die Kanalinseln sind ein Mekka für Gartenfans. In dem milden Klima gedeihen selbst mediterrane Pflanzen. Es gibt zahlreiche Gartenfestivals und begeisterte Grünenthusiasten, die ihre privaten Gärten öffnen. Ganzjährig geöffnet sind auf Guernsey Victoria und Candie Gardens in St. Peter Port sowie der Skulpturenpark vom Sausmarez Manor in St. Martin. Und wenn Sie die Lust auf Kräuterduft packt, dann besuchen Sie den von General Lambert im 17. Jh. angelegten Garten bei Castle Cornet: Wohlgeruch auf Schritt und Tritt.

im Jugendherbergsstil übernachten. Besonders empfehlenswert ist eine etwa zweistündige Rundwanderung vom Parkplatz am privaten Fort Saumarez nach Lihou. Man erfährt viel über Geschichte, Fauna und Flora dieses Küstenteils. Über die Sommerführungen von Gill Girard *(www. gillgirardtourguide.com)* informiert

tailliebe neben den Originalferngläsern u. a. auch die Wandaufschriften („Feind hört mit!") restauriert. Neben der Aussicht fasziniert vor allem das ziemlich authentische Bunkergefühl – man kann sich gut in die auf den Feind harrenden Insassen versetzen. *Feb.–Okt. Mi und Sa 14–17 Uhr | 3 Euro*

Nicht immer zeigt sich der Ärmelkanal so ruhig – davon zeugt das Wrackmuseum in Fort Grey

das Tourist Office. Für Wanderer ist der Blick in den Gezeitenkalender Pflicht. *www.lihouisland.com*

PLEINMONT TOWER ☼ ▶▶　　[120 A5]

Von allen eigenartigen Kriegsdenkmälern ist dieser fünfgeschossige Marineobservationsturm von 1942 das erstaunlichste Relikt. Der Besitzer, dem auch das Occupation Museum gehört, hat hier mit großer De-

ST. APOLLINE'S CHAPEL　　[120 B4]

Das 9 m lange, 4 m breite „Knusperhaus" ist der Schutzpatronin der Zahnärzte geweiht, der hl. Apollonia. Im Innenraum ein Fresko mit Abendmahl. *April–Okt. tgl. 9–20 Uhr*

▌ ESSEN & TRINKEN ▬▬

CAFÉ DU MOULIN　　[120 B5]

Fein speisen in einer idyllischen restaurierten Mühle. *So/Mo geschl. |*

Rue de Quanteraine | St. Peter-in-the-Wood | Tel. 01481/26 59 44 | www.cafedumoulin.com | €€€

COBO TEAROOM [120 C3]
Alte Holzdielen, der Duft frischer Plätzchen, die Vitrine schwer von Backwerk. Im Cobo Tearoom ist alles hausgemacht, sogar das Brot für die Krabbensandwiches. Schöner Blick auf die Cobo Bay. Di–So 10 bis 17 Uhr | Cobo Coast Road | Castel | Tel. 01481/25 33 66 | €

■ EINKAUFEN
LE TRICOTEUR [120 B4]
Seit dem 16. Jh. wird auf Guernsey Wolle verstrickt. Vom Shop haben Sie einen Blick auf die Strickmaschinen in alten Steinhäusern an der Westküste. Perelle Bay | www.cwgsy. net/business/letricoteur

■ ÜBERNACHTEN
COBO BAY ✻ [120 C3]
Eine Prise Deauville, ein wenig Westcoastfeeling: Das weiße Hotel ist nur durch eine schmale Straße vom Meer getrennt. Ein Logenplatz mit Panoramablick für den Gezeitenwechsel. Im Restaurant gute Weinauswahl und exzellente Fischgerichte. 36 Zi. | Cobo Coast Road | Castel | Tel. 01481/25 71 02 | Fax 25 45 42 | www.cobobayhotel.com | €€

HOTEL FLEUR DU JARDIN [120 C4]
Countryfeeling mit eigenem Pub im altenglischen Stil. Das Haus stammt aus dem 15. Jh., die Decken sind niedrig, die Zimmer blumig-romantisch. 17 Zi. | King's Mills | Castel | Tel. 01481/25 79 96 | Fax 25 68 34 | www.fleurdujardin.guernsey.net | €€

IMPERIAL HOTEL [120 A5]
Im ▸▸ Pub des Hotels trifft man auf die einheimischen Kneipengänger und Fans der Livemusikszene im Südwesten Guernseys. Man kommt schnell ins Gespräch mit den locals. Hotelgäste (zu zweit!) bekommen einen Buspass oder einen Mietwagen zur Verfügung gestellt! *Insider Tip* 9 Zi. | Portelet Harbour | Tel. 01481/26 40 44 | Fax 26 61 39 | www.imperialinguernsey.com | €–€€

MILLE FLEURS [120 B5] *Insider Tip*
Alice's Wunderland: drei komfortable Feriencottages inmitten einer subtropischen, preisgekrönten Parkanlage mit raren Pflanzen und Bäumen, die man nach Anmeldung besuchen kann. Enten watscheln vom Bach über den Rasen, Rosen, Rittersporn und Salbei blühen. Jane Russell, eine Gärtnerin par excellence, hat hier eine parkgroße Oase geschaffen. Rue du Bordage | St. Peter-in-the-Wood | Tel./Fax 01481/26 39 11 | www.millefleurs.co.uk | €€€

■ FREIZEIT & SPORT
BIRDWATCHING
Ornithologische Touren, auf denen Papageitaucher beobachtet werden können, organisiert die Royal Society for Protection of Birds (RSPB). Kontakt: Mike Bairds | Tel. 01481/25 55 24 | Fax 25 10 76 | www.rspbguernsey.co.uk

GOLF [120 C3]
Golf spielen mit Blick aufs Meer können Sie im La Grande Mare Golf Club (18 Löcher). Vazon Bay | Castel | Tel. 01481/25 65 76 | Fax 25 65 32 | www.lgm.guernsey.net

KÜSTENWANDERN [120 C3]

Sylvia Brouard, eine exzellente Küstenkennerin, bietet von April bis Oktober zweistündige Wanderungen an der Westküste mit Infos und Erläuterungen zur Historie an. *Treffpunkt Sa 14 Uhr am South Cobo Kiosk | Castel | Tel. 01481/25 40 61*

■ STRÄNDE

COBO BAY ★ [120 C3]

Weiß leuchtet der Sand bei Ebbe, rosa Felsen steigen aus dem Wasser. Ein beliebter Familienstrand mit Pub, Kiosk, *fish 'n' chips,* Supermarkt und Parkplatz – alles ist in der Nähe.

SALINE BAY [120 C2]

Ein Strand für Romantiker mit Blick auf die Halbinsel Grandes Rocques. Picknickkorb mitnehmen!

VAZON BAY ▶▶ [120 B–C3]

Das Zentrum für die Surferszene der Insel. Rauschend rollen die Atlantikwellen gegen die Küste und bieten Profis beste Bedingungen. Baden im geschützten Becken der Vazon Bay Battery. Parkplatz, Kiosk, Restaurant.

■ AM ABEND

THE ROCKMOUNT ▶▶ [120 C3]

Eine riesige Open-Air-Party: Im Sommer bevölkern Hunderte die Terrasse des Pubs und das gegenüberliegende Mäuerchen. Der angesagteste Treff für romantische Sonnenuntergänge an der Cobo Bay. Dazu: gutes *pubfood. Cobo Coast Road | Castel*

DER NORDEN

Im Norden wird die Welt mysteriös: In Vale, der mit 9600 Ew. größten *parish* der

Ein Farbenrausch: Abend in der Cobo Bay

DER NORDEN

Insel, gibt es nicht nur Sagen und Legenden, sondern alte Ganggräber, die wie Fenster in ferne Welten reichen, Dünen, die schöner sind als die auf Sylt, und Wellen, auf die Surfer ähnlich abfahren wie auf die Brecher vor Hawaii. In den Dünen an der Ancresse Bay wachsen mehrere Martellotürme aus dem Gras.

Im Norden sticht das einzige Städtchen der Insel neben St. Peter Port heraus: St. Sampson. Es ist die „Kapitale" der gleichnamigen *parish* mit 8600 Ew. An der Hafenfront reihen sich bunte, zweistöckige Häuser und kleine Geschäfte – ein typisch englisch wirkender Ort mit *fish-'n'-chips*-Buden, Geschäften für den täglichen Bedarf und einem Hafen, der einst als wichtige Exportzentrale von Granitstein galt und in dem sich heute kleine Werften angesiedelt haben.

◼ SEHENSWERTES

BEAUCETTE MARINA ✿ [121 F1]
Ein kleiner, geschützter Hafen, 1969 eingeweiht, mit Blick auf die Nachbarinseln Herm und Sark. Er wurde in einem ehemaligen Steinbruch etabliert und ist Heimat formschöner Yachten.

DOLMEN LE DÉHUS ★ [121 F2]
Abergläubische hielten sie für teuflische Versammlungsorte: die Ganggräber und Megalithe, die in den letzten Jahren von Archäologen intensiver erforscht wurden. Le Déhus besteht aus einem engen Gang, von dem mehrere Seitenkammern abzweigen; man vermutet, dass hier die Toten bestattet wurden. Der Archäologieprofessor Mark Patton stellte fest, dass Le Déhus, von den Menschen des Neolithikums vor rund 5000 Jahren angelegt, offenbar von ihnen auch versiegelt worden war: Sie füllten den Bau mit Napfschnecken und schlossen ihn mit Geröll. Bei seiner Öffnung fanden sich Gebeine, ein Kupferdolch und Keramik. *Tgl. 9 Uhr–Sonnenuntergang | Eintritt frei*

Stippvisite in der Steinzeit: Rund 5000 Jahre alt ist das Ganggrab Le Déhus

LES FOUAILLAGES/LA VARDE [121 E1–2]

Ein Hobbyarchäologe grub im 19. Jh. mit seinen Söhnen rund 20 Dolmen auf der Insel aus. Die Steine dieser Monumente wiegen bis zu 20 t. Sie wurden herangeschafft, bevor die Menschen das Rad kannten – die Beförderung fand also unter schwersten Bedingungen statt. In L'Ancresse Common, dem Dünengebiet im Norden von Vale, finden sich mehrere der ausgehobenen Gräber. Zu den neu entdeckten und zugleich ältesten der Kanalinseln zählt Les Fouaillages. Aus Tonscherben, die hier gefunden wurden, geht hervor, dass die Anlage zwischen 4850 und 4250 v. Chr. geschaffen wurde. Sie findet sich beim fünften Loch an der Ladies' Bay.

LA ROUSSE TOWER [121 E2]

Der graue Granitturm wurde im 18. Jh. zum Schutz der Inseln errichtet und mit Kanonen und Wachpersonal versehen. Er ist restauriert und zeigt heute eine Ausstellung zur Historie des Bauwerks. *April–Okt. tgl. 9 Uhr bis Sonnenuntergang, Nov.–März Mi, Sa, So 9–16 Uhr | Eintritt frei*

VALE CASTLE ⚓ [121 F2]

Das Schloss wurde im 14. Jh. gebaut und ist heute nur noch eine Ruine, bietet aber eine schöne Aussicht auf die Nachbarinseln. Jedes Jahr im August findet im Vale Castle ein großes ▶▶ Konzert statt, in einem Teil Jazz, im anderen Rock oder Hip-Hop. *www.valeearthfair.org*

▉ ESSEN & TRINKEN

CHOUET TEA ROOM [121 E1]

Erst einen Spaziergang an dem weißen Sandstrand der Ladies' Bay genießen, dann im lichtdurchfluteten Wintergarten sitzen und hausgebackene Erdnusscookies, Bananenkuchen oder ofenwarme *scones* probieren. Für die Mittagszeit sollten Sie reservieren! *Tgl. 10–17 Uhr | Mont Cuet Road | Vale | Tel. 01481/ 24 61 29*

THE MARINA RESTAURANT [121 F1]

In der hübschen Beaucette Marina, gut für Steaks, Fisch oder Pasta mit Blick aufs Meer. *Mo geschl. | Tel. 01481/24 70 66 | €€*

L'ORA RESTAURANT [121 F2]

Mediterran inspirierte Küche mit viel Basilikum und Olivenöl. *Tgl. | New Road | St. Sampson | Tel. 01481/ 24 70 78 | €€*

ROUSSE TOWER KIOSK [121 E2]

Ein Kiosk ohne Sitzgelegenheiten im Schatten des La Rousse Tower – aber mit riesigen Cookies.

▉ EINKAUFEN

B. H. GOLDSMITHS [121 D2]

Nur ein Fischercottage? Innen funkeln Saphire, schimmern Opale, glitzern Turmaline – Edelsteine werden hier exakt geschliffen und zu filigranem Schmuck verarbeitet. *Northwest Coast Road | Port Grat*

LE FRIQUET FLOWER CENTRE [121 D3]

Englisches Gartengerät, Sämereien, hübsche Accessoires und Rosen. Tearoom zum Fachsimpeln.

OATLANDS VILLAGE [121 E2]

Kunsthandwerks- und Verkaufszentrum in historisch anmutenden Gebäuden. Herausragend: die Backsteinkamine der ehemaligen Brennöfen. Sie beherrschen wie spitze Zauberhüte das Gelände, auf dem es Schmuck, Töpferwaren, Souvenirs und Bilderrahmen gibt. Originell: Rebeccas Chocolate – in der Manufaktur kann man bei der Pralinenherstellung zusehen. Guter Tearoom.

■ ÜBERNACHTEN

BORDEAUX GUEST HOUSE   [121 F2]
15 Autominuten von St. Peter Port entfernt Himmelbetten nahe dem kleinen Strand Bordeaux Harbour. *8 Zi. | Rocque Barrees | Vale | Tel. 01481/24 74 61 | Fax 24 36 69 | €*

CHÂTEAU LES GRANDES ROCQUES   [120 C2]
Der Ostflügel des Schlosses wurde in vier Selfcatering-Apartments umgestaltet. Blick auf die Halbinsel Grandes Rocques. *Vale | Tel. 01481/25 60 97 | Fax 25 18 51 | www.selfcateringguernsey.com | €€*

PENSINSULA HOTEL   [121 E2]
Hotel mit Gartenanlage und eigenem Strand an einer kleinen Halbinsel. Es wird gerne von Familien gewählt. *99 Zi. | Les Dicqs | Vale | Tel. 01481/24 84 00 | Fax 24 87 06 | www.peninsulahotelguernsey.com | €€*

■ FREIZEIT & SPORT

ROYAL GUERNSEY GOLF CLUB   [121 E1]
Der beste Club Guernseys. Mit Handicap darf man aufs Green an der Ancresse Bay. 18 Löcher. *Tel. 01481/24 65 23*

WATER SPORTS CENTRE ▶▶   [121 E1]
Ob Kayaking, Windsurfen, Bananareiten, Kitesurfen oder Dingisegeln – alle Trendwassersportarten sind hier möglich. *Pembroke Bay | Tel. 01481/24 82 00*

■ STRÄNDE

LADIES' BAY/GRAND HAVRE   [121 E1–2]
Ein breiter, hufeisenförmiger Sandstrand, zum Schwimmen, auch mit Kindern, geeignet. Parkplätze, Kiosk und der gute Chouet Tearoom an der Ladies' Bay.

PEMBROKE BAY   [121 E1]
Ideal für Windsurfer, Segler und Katamaranfahrer. Hinter dem Strand schöne Gras- und Dünenlandschaft. Parkplatz und Kiosk.

PORTINFER BAY/PORT SOIF   [121 D2]
Zwei kleine, intime Sandstrände an der Westküste.

■ AM ABEND

BLIND O'REILLEY'S ▶▶   [121 F3]
Uriger, rauer irischer Pub, gutes Essen, Liveauftritte. *South Side | St. Sampson Harbour*

ST. PETER PORT

KARTE IN DER HINTEREN UMSCHLAGKLAPPE

[121 E3–4] ★ Die Gassen von St. Peter Port versprühen fast kosmopolitisches Flair: Bistros mit *café au lait* locken neben britischen Pubs, Tearooms bieten französische Patisserie. Entlang den kleinen Hauptstraßen mit granitglänzenden Häusern aus der viktorianischen Zeit strahlen Juweliergeschäfte, funkeln Glaspaläste mit blank geputzten Messingschildern – mehr als 60

Geldinstitute haben sich in der Hauptstadt eingenistet.

St. Peter Port mauserte sich als strategisch günstiger Hafen um 1800 zur Kapitale wohlhabender Kaufleute – deren Vermögen oft durch die von der britischen Regierung legalisierte Piraterie angehäuft war. Rund

von Jazz bis Hip-Hop. Klassische Konzerte und Livesessions sorgen für die Qual der Wahl.

SEHENSWERTES

ARCADE [U E3]

Gleich gegenüber den restaurierten Markthallen, in denen nun eine

Kapitale mit Weitblick: St. Peter Port, Guernseys Finanzhochburg und exquisites Wohnviertel

16 500 Menschen leben heute in St. Peter Port. Viele Einwohner besitzen nicht Zweitwagen, sondern Zweitboot, fahren samstags zum Essen nach Frankreich oder kreuzen zum Picknick in die Nachbarbucht.

Und Urlauber? Schippern mit der Fähre zur autofreien Robinsoninsel Herm, kosten das Barbecue und nehmen das letzte Boot zurück. Denn jetzt ruft das Nachtleben: Es gibt 27 lokale Bands mit einem Repertoire

Shoppingmall residiert, wurde in den Zwanzigerjahren des 20. Jhs. das Arcade-Viertel aufgebaut. Kleine Verzierungen, Masken und Details sind an den Fassaden zu sehen, hinter denen Handwerker und Geschäfte einzogen. Die Häuser selbst wurden auf tiefen Kellerschächten errichtet; wegen der Brandgefahr durch die Verwendung von Bauholz in Decken und Treppen wurden unterhalb der Straßen große Wasserreservoire angelegt.

CANDIE GARDENS ❋ [U D–E2]

Eine Statue von Victor Hugo schmückt den Garten über der Stadt. Im Frühjahr blühen Kamelien, im Spätherbst leuchten Hortensien, die Blicke reichen bis nach Sark und Herm. Von Juni bis September finden sonntags zwischen 15 und 16 Uhr Konzerte und Tanzvorführungen statt. *Mo–Sa 9.30–17 Uhr | Eintritt frei | Candie Road*

während der Besatzungszeit Basis für deutsche Luftabwehrgeschütze.

Neben einem *Museum zur Historie der Burg* gibt es das *Maritime Museum,* das die seefahrerische Tradition der Insel illustriert. Militärgeschichte präsentiert das *Museum of the Royal Guernsey Militia.* Das neue *201 Squadron Museum* widmet sich der Guernseystaffel der Royal Air Force. Im Sommer lohnt der Gang

High Noon auf Castle Cornet: Jeden Mittag macht es einmal kräftig „bum!"

CASTLE CORNET ⭐ ❋ [U F3–4]

Täglich um Punkt 12 Uhr hallt ein Kanonenschuss über Castle Cornet, das sich als dunkle Festungsanlage zwischen Hafen und Havelet Bay erhebt. Die Burg, deren Grundmauern aus dem 13. Jh. stammen, wurde militärisch und als Gefängnis genutzt, war später Sitz des Gouverneurs und

durch den kleinen *Kräutergarten (geführte Gartentouren Mai–Aug. So 14 Uhr).* Von Juni bis Mitte August wird das Castle zur Freilichtbühne (populäre Stücke von Romeo und Julia bis zum Glöckner von Notre Dame, Tickets *Tel. 01481/71 22 40). April bis Okt. tgl. 10–17 Uhr | 9 Euro | www. museum.guernsey.net*

❯ *www.marcopolo.de/kanalinseln*

GUERNSEY AQUARIUM [U F5]

In einer ehemaligen Tunnelanlage wurden Aquarien mit 47 verschiedenen Fisch- und anderen Meerestierarten untergebracht. *Tgl. 10 Uhr bis Sonnenuntergang | 5 Euro | La Valette*

GUERNSEY MUSEUM & ART GALLERY [U D2]

Über Candie Gardens thront das Guernsey Museum mit dem ❀ Teehaus Viktoria. Im Museum werden die archäologischen und historischen Wurzeln Guernseys mithilfe von Bildern, Displays und Fundobjekten präsentiert. Die Art Gallery zeigt Arbeiten lokaler Künstler, darunter die des auf Guernsey lebenden Malers Peter le Vasseur. Er zählt zu den bekanntesten Künstlern Großbritanniens und entwarf u. a. das Arche-Noah-Bild für den World Wide Fund for Nature. Zu seinen Kunden gehören Ringo Starr und das Königshaus. *Sommer tgl. 10–17, Winter 10–16 Uhr | 5,50 Euro | www.museum.guernsey.net*

THE GUERNSEY TAPESTRY [U D–E3]

Mehrere Wandteppiche präsentieren auf Tafeln die zehn *parishes* von Guernsey. Interessantes Detail: Die alten Teppiche zeigen sich in den Farben verhaltener. Grund: Früher wurden nur pflanzliche Farbstoffe verwendet, erst später kamen die chemischen Farben dazu. *April–Okt. Mo–Sa 10–16.30 Uhr | 6 Euro | College Street | www.guernseytapestry.org*

HAUTEVILLE HOUSE (VICTOR HUGO'S HOUSE) ★ [U E4]

2002 feierte Frankreich den 200. Geburtstag von Victor Hugo. Doch der Poet, Dramatiker und Lebemann, Verfasser vom „Glöckner von Notre-Dame" oder „Les Misérables", war in der Grande Nation nicht immer gern gesehen. Unter Napoleon III. musste er fliehen und steuerte Guernsey an. Im Hauteville House fand er ein Exil mit Stil. Der Exzentriker thronte 15 Jahre in der weißen Villa mit tropisch angelegtem Garten, richtete einen samtroten Salon ein, malte, schrieb, sammelte Skurrilitäten. In seinem verglasten Arbeitszimmer entstand mit Blick auf Frankreich „Les Travailleurs de la Mer", der einzige Roman, der auf den Kanalinseln spielt. *April–Juni und Sept. Mo–Sa 10–12 und 14–17, Juli/Aug. 10–17 Uhr | 7 Euro | 38 Hauteville | www.victorhugo.gg, www.hautevillehouse.com*

MARKTHALLEN [U E3]

Der ehemalige, überdachte Markt von 1820 wurde aufwendig saniert. Die Außenansicht bietet einen traditionellen, renovierten Look, innen wartet eine topmoderne Shoppingmall mit verschiedenen Läden.

ROYAL COURT HOUSE [U E3]

In dem Gebäude aus dem 18. Jh. tagt an jedem letzten Mittwoch im Monat das Inselparlament. **Insider Tipp** Besucher dürfen von einer kleinen Galerie aus zuschauen. *Rue de Manoir | Tagungszeiten unter Tel. 01481/72 61 61*

TOWN CHURCH [U E3]

Stündlich schlagen die Glocken der alten Town Church aus dem 11. Jh. Eine Kirche mit weltlichem Zug: Sie steht in direkter Nähe zu einem Pub, dem Albion House. Dafür gab es einen Eintrag ins Guinness-Buch der Rekorde. Achten Sie auf die Kirchenfenster mit Darstellungen der Heiligen sowie auf den gotischen Schnitzaltar und den reich verzierten Bischofsthron.

and Parlour wiegen Ihnen die Ladys Bonbons ab, verkaufen Veilchenpastillen und Häkeldeckchen. Eine museale Zeitreise ins 18. Jh. *April bis Okt. Mo–Sa 10–16 Uhr | 26 Cornet Street*

Zeitreisemaschine Victorian Shop: Damen in Spitzenhäubchen verkaufen Veilchenpastillen

LA VALETTE UNDERGROUND
MILITARY MUSEUM   [U F4]

In einem Tunnelkomplex, der den Deutschen im Zweiten Weltkrieg als Treibstofflager für U-Boote diente, sind Dokumente und Ausstellungsstücke aus der deutschen Besatzungszeit zu sehen. *Tgl. 10–17 Uhr | 5 Euro | La Valette | gegenüber den Bathing Places*

VICTORIAN SHOP   [U E3]

Ja, sie leben wirklich, die Damen in Spitzenhäubchen. Im Victorian Shop

ESSEN & TRINKEN

THE ABSOLUTE END   [121 E3]

Berühmt für Meeresfrüchte und Fisch. Das kleine, gemütliche Lokal ca. 1,5 km nördlich der Stadt ist ein Pilgerziel französischer Gourmets. *So geschl. | Longstore | Tel. 01481/ 72 38 22 | €€ – €€€*

CHRISTIES   [U E2–3]
Insi Ti

Vorne ein französisches Bistro mit netter Musik, hinten ein populäres Restaurant mit Blick über den Hafen von St. Peter Port. Besonders köstlich sind schottischer Lachs und Hummer. *Tgl. | Le Pollet | Tel. 01481/72 66 24 |* €

L'ESCALIER [U D3–4]
Schwarze Linguine mit Safran oder Lammcarré: Das edle L'Escalier ist ein Gourmettreffpunkt. Als Dessert ein Renner: die exzellente Crème brûlée. *Sa-Mittag und Mo geschl. | 6 Tower Hill | Tel. 01481/71 00 88 |* €€€

LA FRÉGATE [U E2]
Exklusive Atmosphäre hoch über der Stadt. Das Frégate gilt seit Jahren als lukullischer Himmel für Gourmets. Französische Küche und superbes Seafood. *Les Cotils | Tel. 01481/72 46 24 | www.lafregate.guernsey.net |* €€€

HOJO [U E4]
Am Südrand von St. Peter Port wird der beste Cappuccino der Insel serviert. Die Einheimischen schätzen das ausgezeichnete Lunchmenü, aber auch abends sind die Speisen in aller Munde. Frühstück ab 8 Uhr! *Tgl. | South Esplanade | Tel. 01481/72 56 32 | www.bigred.gg |* €€

THE LOFT CAFÉ [U E3]
Mit offenem Dachgebälk und Blick über den Hafen. Treff bei Cappuccino und belgischen Waffeln. Im ersten Stock des Designladens All in Black. *So geschl. | 37 High Street | Tel. 01481/72 22 28 |* €

LE NAUTIQUE [U E3]
Den deutschen Küchenchef Günter Botzenhardt hat die Liebe vor vielen Jahren hierher verschlagen. Bei ihm gibts in gemütlicher Lagerhausatmosphäre Fisch und hauchzarte Desserts. *Sa geschl. | Quay Steps | Tel. 01481/72 17 14 |* €€

DA NELLO [U E2]
Ein Hauch Toskana mit *bruschetta,* Risotto und Grappa. Der beste Italiener der Stadt. *Tgl. | 46 Lower Pollet | Tel. 01481/72 15 52 |* €–€€

◼ EINKAUFEN
Die Möglichkeit zum steuerfreien Einkauf verleiht der Insel einen geradezu kosmopolitischen Hauch. Zum Schlendern animiert die autofreie High Street; sie geht über in die Shoppingstraße Le Pollet. Perlen- und Silberschmuck funkelt im Caree Arcade.

ALL IN BLACK [U E3]
Lifestyle, Taschen und nette Accessoires wie die unverwüstlichen Moleskine-Notizbücher, in denen schon Bruce Chatwin seine Reiseaufzeichnungen verewigte. *37 High Street*

BUCKTROUT & CO [U E3]
Picknick am muschelweißen Strand von Herm? Fehlt nur noch die passende Begleitung. Vielleicht ein Champagner Marke Veuve Clicquot-Ponsardin? Bei Bucktrout bekommen Sie den sogar in Eineinhalb-Liter-Magnumflaschen. *Waterloo House | Le Pollet*

BUTTONS BOOKSHOP [U E3]
Große Auswahl von Literatur über die Channel Islands, u. a. die Bücher der Folklorespezialistin Marie de Garis. *21 Smith Street*

GARNHAMS [U E3]

Crabtree & Evelyn heißt die Marke, die Seife, Bäder und Cremes für Grünenthusiasten herstellt. Inzwischen ist die Serie unter britischen Gärtnern Kult. Blütenreiche Verpackungen, Düfte von Maiglöckchen bis Lavendel, die für das gute alte viktorianische England stehen. *Lower Pollet*

GUERNSEY WOOLENS [U E3]

Was in Kent die Barbourjacke, ist hier der Guernseypulli – Ansichtssache. Die Fischer tragen ihn, weil er warm hält, resistent gegen Seewasser ist und sich fern jeden modischen Schnickschnacks bewegt. *8 Le Pollet*

MOLLOY'S PATISSERIE [U E3]

Zwischendurchhunger? Frisches Baguette, Pasteten, gefüllte Croissants und Kuchen in allen Varianten. *Arcade*

■ ÜBERNACHTEN ■

LA COLLINETTE HOTEL [U D3–4]

Für alle, die St. Peter Port erkunden, aber lieber ein wenig außerhalb wohnen möchten. La Collinette besitzt schön ausgestattete Apartments und kleinere Zimmer. *23 Zi. | St. Jacques | Tel. 01481/71 03 31 | Fax 71 35 16 | www.lacollinette.com | €€–€€€*

HOTEL DE HAVELET [U E3]

Gediegenes Hotel mit Blick auf Castle Cornet und den Hafen. Raum 27 ist nicht nur groß, sondern hat auch eine Terrasse. *34 Zi. | Havelet | Tel. 01481/72 21 99 | Fax 71 40 57 | www.dehaveletguernsey.com | €€*

THE MARTON PRIVATE HOTEL [U D5]

Preiswerte Unterkunft in einem Wohnhaus mit Terrassengarten. Netter Service. *25 Zi. | Les Vardes | Tel. 01481/72 09 71 | Fax 71 43 12 | www.accom.guernseyci.com/marton | €*

MOORES CENTRAL HOTEL [U E3]

Hotel in der Einkaufsstraße Le Pollet (die ruhigen Zimmer nach hinten verlangen!). Guter, britischer Komfort. Im Sommer Frühstück auf der Dachterrasse. *49 Zi. | Le Pollet | Tel. 01481/72 44 52 | Fax 71 40 37 | www.moores.sarniahotels.com | €€*

THE OLD GOVERNMENT HOUSE HOTEL ☼ [U E3]

Die königlichste Adresse in St. Peter Port: ein Haus aus dem 17. Jh. mit Außenpool und Wellnessabteilung über den Dächern der Stadt. *68 Zi. | Ann's Place | Tel. 01481/72 49 21 | Fax 72 44 29 | www.oghhotelguernsey.com | €€€*

SUNNYCROFT HOTEL [U D3–4]

Sie lieben kleine, verwinkelte Stadthäuser, die hinter schlichter Fassade überraschende Gärten aufweisen und innen etwas plüschig daherkommen? Dann sind Sie hier richtig. *14 Zi. | 5 Constitution Steps | Tel. 01481/72 30 08 | Fax 71 22 25 | www.guernseytourism.com/sunnycroft | €€*

■ FREIZEIT & SPORT ■

BEAU SÉJOUR CENTRE [U D–E1]

Pool, Fitnessräume, Squash, Tennis, Badminton, Bar und Restaurants sowie Rollerskaten für Kinder. *Tgl. 7 bis 23 Uhr | Amherst Road | Tel. 01481/74 72 00 | www.freedomzone.gg*

BOOT & SKIPPER [U E2–3]

Sie möchten ein Boot mit Skipper chartern? Das ist möglich bei *Sea*

St. Peter Port: Dinner am Abend

Ventures Channel Islands Ltd. | Ocean House | North Esplanade | Tel. 01481/71 57 37 | Fax 72 65 65.

LEGENDS BY LAMPLIGHT

Annette Henry führt zu den schaurigsten Orten von St. Peter Port. Ihrem „Ghostwalk" schließt sich ein Geisterdinner an. *16 Euro, ohne Dinner 8 Euro | Tel. 01481/26 37 55 | annette.henry@guernsey.net*

■ AM ABEND

Guernseys Nachtleben ist berühmt. Termine unter *www.thisisguernsey.com/whatson/nightlife.html* oder *www.gigguide.guernseyonline.com.*

BEAU SÉJOUR CENTRE   [U D–E1]

Livekonzerte, Performances, Ballett, klassische Musik. *Amherst Road | Infotel. 01481/80 50 | Büro 72 72 11*

CLUB 54 ▶▶   [U E3]

Die Musik ist ein guter Mix, das Publikum (bis 35 Jahre) trendy, die Atmosphäre entspannt. *54 Le Pollet | www.fiftyfour.co.uk*

THE DOG HOUSE ▶▶   [U D3–4]   *Insider Tipp*

Im ein wenig außerhalb gelegenen Dog House treten die populärsten Rockbands der Kanalinseln auf. Tolle Stimmung, modernes Styling. Die Einheimischen lieben es – auch der guten Küche wegen. *The Rohais | Tel. 01481/72 13 02 | www.doghouse.gg*

THE GOLDEN MONKEY   [U E2–3]

Funky little place: viele Youngsters, viele Studenten, viele Trendsetter. Exzellente Musik für Leute, die sich jung fühlen. *Lower Pollet*

LASKA   [U E3]   *Insider Tipp*

Moderne Cocktailbar im Yachtstil: Teakholzboden, dunkelblaue Couchnischen, Kerzenlicht. Gute Martinis und Tapas, *very sophisticated atmosphere. Albert House, South Esplanade*

■ AUSKUNFT

GUERNSEY TOURIST INFORMATION [U E3]

North Plantation | Tel. 01481/72 35 52 | Fax 71 49 51 | www.visitguernsey.com

> EINE INSEL DER „HOBBYISTEN"

Britische Skurrilität ist Trumpf auf der nördlichsten
der Inseln

> Warum Alderney? Weil es existiert, sa-
gen Inselsammler. Weil es so ganz anders
ist als seine Geschwister. Die Insel ist keine offensichtliche Schatzinsel wie Guernsey, zu dem das etwa 5,5 mal 3 km kleine
Eiland verwaltungstechnisch gehört.

Die Atmosphäre hier ist lässiger, man
spuckt keine großen Töne, während
draußen die Küstenströmungen The
Swinge und The Race mit sechs bis
zwölf Knoten den flottesten Gezei-
tenrhythmus des Kanals hinlegen.

Der Schiffsfriedhof um Alderney ist
ein stiller Beweis dafür.

Aktuell ist man dabei, aus der
Lage im Kanal Kapital zu schlagen.
Mit einer Turbine am Meeresboden
wird demnächst Gezeitenstrom gene-
riert. Und virtuell profiliert sich die
nördlichste Kanalinsel im boomenden Geschäft des Internetglücks-
spiels, indem Alderney international
anerkannte Konzessionen verleiht.
Vom Ertrag werden die Hafenanla-

Bild: Kirche in St. Anne

ALDERNEY

gen so ausgebaut, dass ein verbesserter Güterverkehr das Inselleben erleichtert.

In seiner Gemütlichkeit und der enormen Anzahl kriegstechnischer Befestigungen liegt die Anziehungskraft des Eilands, dessen Fans die Inselbevölkerung von 2400 Ew. im Sommer leicht verdoppeln. Seit den Zeiten Napoleons haben Engländer und deutsche Besatzer die Insel zum Bollwerk aufgerüstet. Die Viktoria-

ner verbauten zumeist Granit aus Inselsteinbrüchen, die Deutschen mischten im Zweiten Weltkrieg Beton. Viele Stammgäste nisten sich auf dem großen Zeltplatz ein, stöbern in Bunkern, nehmen Sandbuchten in Besitz, schauen den Tausenden von Tölpeln bei ihren Flugmanövern und den Millionen von Küstenblumen und wilden Orchideen beim Wachsen zu.

Kein Alderneyfan käme auf die Idee, eine Insel sei etwas anderes als ein Paradies, wo man auf exzentrische Art seine Zeit verschwendet. Etwa indem man zum Spaß mit der kleinen Eisenbahn fährt. Der Zugdienst wird von Freiwilligen aufrechterhalten. Genau wie das Museum. Oder der Schiffswrack-Tauchdienst. Oder der Vorführdienst im Kino. Oder die Besatzung des

Und wie wird man auf der Insel als Deutscher begrüßt? „Don't mention the war" steht über dem Tresen des Pubs Marais Hall geschrieben. Das erinnert zwar an die sehr unrühmliche Zeit der Besetzung durch die Nazis, ist aber eher als britischer Humor denn als Gesprächstabu zu verstehen. Ressentiments: Fehlanzeige.

Die 12 000 Tölpel auf Les Etacs bekommen im Sommer Besuch von 3000 Papageitauchern

Lifeboats. Alderney ist ein Inselstaat aus eifrigen Hobbyisten.

Allerdings sind einige Jobs auch ernsthafter Natur, etwa der des gewählten Präsidenten der States of Alderney, der zehn Abgeordneten vorsteht. Von 1940 bis 45 annektierten die Nazis die Insel und jagten die Bevölkerung ins Exil. Tausende von der SS bewachte Zwangsarbeiter verminten die Küste und mussten Hunderte Bunkeranlagen aus Beton gießen, von denen die meisten bis heute überlebt haben.

■ SEHENSWERTES ■

ALDERNEY SOCIETY
MUSEUM ⭐   [122 B2]

Das rührige Museum begann als private Sammlung des Töpfers Peter Arnold. In den Vitrinen sind Puzzlestücke zur Historie Alderneys ausgestellt. Man erfährt vieles zur deutschen Besatzungszeit, über die mögliche römische Vergangenheit der Insel und über die Ausrüstung der Schiffe, die in den gefährlichen Gewässern rund um die Insel seit Jahrhunderten auf Grund laufen. Highlights sind die Fundsachen aus einem elisabethanischen Wrack. Das Museum erweitert ständig seine Sammlung mit vor Ort gefundenen Artefakten oder Schriftstücken wie Tagebuchaufzeichnungen von Zwangsarbeitern während der deutschen Besatzung. *April–Okt. tgl. 10–12, Mo bis Fr auch 14–16 Uhr | 2,60 Euro | www.alderneysociety.org | Lower High Street | St. Anne*

ALDERNEY RAILWAY ⭐ [122 B–C1]

Alderney hat als einzige Kanalinsel eine Eisenbahn. Sie führt etwa 3 km vom Granitsteinbruch Mannez Quarry aus viktorianischen Zeiten zum Braye Harbour. Haltestelle ist der Fußballplatz. Die Diesellok Elizabeth zieht von Ostern bis September zwei ausrangierte Wagen der Londoner U-Bahn. Für Kids gibt es eine Minibahn. *4 Euro | www.alderney railway.com*

BRAYE HARBOUR [122 B1]

Der kleine, geschäftige Hafen wird von einer langen Mauer geschützt. 1847 bauten die viktorianischen Garnisonen das Breakwater, von dem heute noch etwa 1 km steht. Es lohnt sich ein Morgen- oder Abendgang darauf, wozu Angler ihre Rute mitnehmen sollten, denn am Breakwater beißen die Fische gut. Alderney ist seit Jahrhunderten für seine großen Meeraale bekannt. Der größte Meeressäuger, der die Braye Bay besucht, ist der bis zu 13 m große, Plankton fressende Riesenhai. Eine Zeile mehrstöckiger Reihenhäuser mit pastellfarbenen Fassaden ist ein Überbleibsel aus der Zeit, als der Hafen der heutigen Metropole St. Anne noch den Rang ablief.

CINEMA ▶▶ [122 B2]

Jede Filmvorführung in Alderneys Kino wird von einer Zwangspause unterbrochen: Weil es nur ein tragbares Vorführgerät gibt, bleibt beim Spulenwechsel die Leinwand dunkel. Das Publikum erhebt sich von den 90 Plätzen und strömt über die Straße an die Zapfhähne des Georgian House. Nach einer Weile ruft eine Glocke die Filmfans zurück. Die Kinolautsprecher sind Museumsstücke. *Victoria Street | St. Anne | 7 Euro*

LES ETACS [122 A2]

Nordwestlich der Telegraph Bay liegt diese Felsengruppe 200 m vor der Küste. Diese und andere Felsen im

MARCO POLO HIGHLIGHTS

⭐ **Victorian Forts**
Granitbollwerke an der Küste (Seite 82)

⭐ **Alderney Railway**
Skurriles Eisenbahnvergnügen (Seite 81)

⭐ **Alderney Society Museum**
Alles über das bewegte Leben der Insel (Seite 80)

⭐ **Wildlife Trust Bunker**
Die Flugmanöver der Seevögel vom alten Wehrmachtsbunker aus beobachten (Seite 83)

⭐ **Kneipenbummel**
Ein hochprozentiger Zug von Pub zu Pub durch Alderneys „Hauptort" St. Anne (Seite 85)

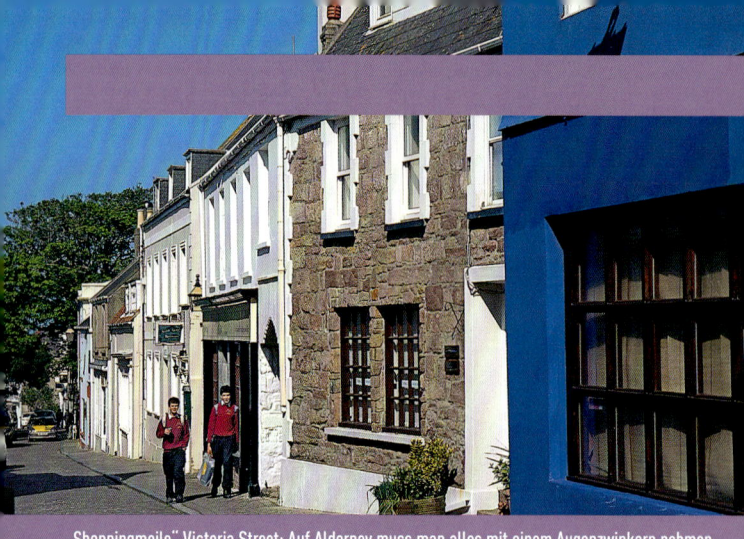

„Shoppingmeile" Victoria Street: Auf Alderney muss man alles mit einem Augenzwinkern nehmen

Süden sind von Frühjahr bis Herbst von etwa 6000 brütenden Tölpelpaaren bewohnt, im Juni und Juli kommen rund 3000 nistende Papageitaucherpaare dazu. Sommerausflüge in kleinen Booten von Braye Harbour aus führen in zwei Stunden um Alderney herum, wobei die Vogelfelsen die Hauptattraktion sind.

LONGIS BAY [122 C1]

Die schöne Badebucht wird von einem fast anmutig wirkenden Nazibauwerk beherrscht: der Panzerabwehrmauer am Strand. Abends den nackten Rücken gegen den aufgeheizten Beton zu lehnen und gemeinsam eine Flasche Wein zu trinken ist einfach nur schön und ohne Grusel. Am Westende der Bucht steht die *Nunnery,* ein altes Militärgebäude. Hier fand man römische Baumaterialien und weitere Spuren, die vermuten lassen, dass die Römer hier im 4. Jh. einen Bootsstützpunkt gegen Kanalpiraten unterhielten. Hinter der Longis Bay hat der Wildlife Trust einen Ansitz für Vogelfreunde eingerichtet, den *Longis Pond Bird Hide.* Der schöne Teich ist ein Sammelpunkt für ansässige und durchziehende Vögel.

ST. ANNE [122 B2]

Auf der kleinen Insel wirkt der den zentralen Hügel besetzende Ort wie Metropolis. Rustikale Granithäuschen und unebenes Kopfsteinpflaster lassen an den Charme Nordfrankreichs denken. Zentrum ist die Einkaufsmeile Victoria Street. Einen Besuch wert sind Friedhof und Kirche. Münz- und Briefmarkenliebhaber, aufgepasst: Im *Alderney Post Office (18 Victoria Street | www.guernsey stamps.com)* kann man sich Geprägtes und Gezacktes über den Inselkosmos ansehen. Dabei sind Queen Victoria, Zugvögel und sogar auf Alderney heimische Pilze.

VICTORIAN FORTS ⭐

Ein Dutzend beeindruckender Forts klotzten die Engländer zwischen 1840 und 1865 an die Inselküste. Die Befestigungen sollten Napoleon III.

abschrecken. Heute kann man die meisten Forts nur von außen bewundern, da einige in Privatbesitz sind, andere von der Flut abgeschnitten werden oder das Betreten der Ruine gefährlich ist.

Der Südflügel und der Moroccan Room von *Fort Corblets* [122 C1] in der Corblets Bay können von April bis Oktober als Ferienwohnung gemietet werden *(ab 1050 Euro/Woche | www.alderney.net)*. *Fort Tourgis* [122 A1] westlich der Crabby Bay ist das größte Bollwerk. Bislang gibt es keine Nutzung für diese träumende Trutzburg. In *Fort Doyle* [122 B1] trainiert der Boxclub der Insel. *Fort Clonque* [122 A2] gehört dem britischen Landmark Trust und zählt zu den phantastischsten Herbergen Großbritanniens. Gruppen von bis zu 13 Personen können in die spartanischen Räume einziehen *(Preise variieren stark, Winter ab 170 Euro, Sommer bis zu 4000 Euro)*. Es gibt eine Zugbrücke, einen Flaggenmast, eiserne Betten, eine Lounge mit offenem Feuer und eine riesige Küche. Das Meer donnert gegen die Grundmauern, der Zugang über einen *causeway* ist manchmal für Stunden überflutet. *www.landmarktrust.org.uk*

WILDLIFE TRUST BUNKER ⭐ [122 B2]

Seit 2003 ist der umgebaute Bunker an der Südküste ein Infozentrum für an Fauna und Flora Interessierte, der ehemalige Generatorraum ist mit Schautafeln bestückt. Von der Schieß- und Beobachtungsbrüstung aus erschließen sich heute das Gleiten der Tölpel, die Flugmanöver der Eissturmtaucher und die Jagdattacken der Mantelmöwe. Ferngläser

liegen bereit. *Tgl. 8 Uhr–Sonnenuntergang | Vau du Salou*

■■ ESSEN & TRINKEN ■■■■

BRAYE CHIPPY [122 B1]

Wenn Alderneyer gute *fish 'n' chips* essen wollen, gehen sie in das einfache Lokal am Hafen. ==Einpacken und auf der Hafenmauer mit den Möwen teilen!== *Insider Tipp* *Tgl. | Braye Harbour | Tel. 01481/82 34 75 | €*

BUMPS EATING PLACE [122 B1]

Proteine, Proteine: Feine Filets und halbe Hummer füllen die Teller direkt am Hafen. *Mi geschl. | Braye Harbour | Tel. 01481/82 31 97 | €€*

GEORGIAN HOUSE [122 B2]

Die gute kulinarische Adresse ist neu gestylt. Der große Saal hat Atmosphäre, die Karte ist international, das Publikum das Who's who der Insel. *Tgl. | Victoria Street | St. Anne | Tel. 01481/82 24 71 | €€*

MARAIS HALL [122 B2]

Gemütliches Traditionspub mit deutschem Koch. Bei leckerem Steak und Hummer rücken Einheimische und

▶LOW BUDGET

▸ Für nur rund 7 Euro lauscht man entspannt den tragischen und komischen Momenten der Inselhistorie während der anderthalbstündigen Fahrt mit dem Inselbus. *www.alderney.net*

▸ Geld sparen können Sie auf dem einzigen Campingplatz der Insel (Zelt 6 Euro/Person), dem *Saye Camp Site* (www.alderney.net) bei der schönen Saye Bay. Es geht familiär zu.

Besucher eng zusammen. *Tgl. | Marais Square | St. Anne | Tel. 01481/82 26 83 | €*

■ EINKAUFEN

Alderney ist kein Shoppingziel. Allerdings wird keine Mehrwertsteuer erhoben, deshalb sind etwa Parfums und Spirituosen preiswerter als in London. Tipp: Auf der Victoria Street zollfrei kaufen, am Flughafen bei Ausreise in Empfang nehmen.

■ ÜBERNACHTEN

BELLE VUE [122 B2]

Ein Palast in Pink: Das freundliche Grandhotel kennt nur die Farbe Rosa. Passend dazu die plüschig-brave Einrichtung plus Glühbirnchen-Lightshow außen. Kultiger Kitsch. Restaurant und Bar. *27 Zi. | The Butes | Tel. 01481/82 28 44 | Fax 82 36 01 | www.bellevue.alderney.com | €€*

BRAYE BEACH HOTEL [122 B1]

Größtes und feinstes Hotel der kleinen Insel, moderne Gemütlichkeit mit feinem Restaurant und Kino für Sturmtage. *22 Zi. | Braye Street | St. Anne | Tel. 01481/82 43 00 | Fax 82 43 01 | www.brayebeach.com | €€€*

FARM COURT [122 B2]

Urgemütlich – die geweißelten, rauen Steinmauern kontrastieren mit modernem Licht und ausgesuchtem altem Mobiliar. Die Malerei stammt vom Hausherrn. *9 Zi. | Les Mouriaux | Tel./Fax 01481/82 20 75 | www.farm court-alderney.co.uk | €*

Insider Tipp MAISON BOURGAGE [122 B2]

Hinter strenger georgianischer Fassade schafft skandinavisches Design geschickt lichte Räumlichkeiten. Gutes Frühstück. *4 Zi. | 2 Le Bourgage | Tel. 01481/82 40 97 | www.maison bourgage.com | €*

MANNEZ LIGHTHOUSE ❀ [122 C1]

Der Leuchtturmwärter ist ausgezogen – man kann jetzt zu fünft in sein modernes Cottage mit Blick auf zwei Strände ziehen. *Mannez | Tel. 01386/70 11 77 | info@ruralretreats.co.uk | €€*

■ FREIZEIT & SPORT

GOLF [122 B1]

Am Ortsrand von St. Anne steht der 9-Loch-Platz Besuchern offen. *Tel. 01481/82 28 35*

HEDGEHOGSPOTTING *Insider Tipp*

Nachts kann man einem weiteren Inselkuriosum nachspüren: Ein Viertel aller Inseligel sind blond. Wahrscheinlich hat der Import eines stachligen Haustiers vom Nobelkaufhaus Harrods in London für die höchst ungewöhnliche Verbreitung der sonst seltenen Igelfärbung gesorgt. Man sieht sie nachts im Schein der Taschenlampe.

RADFAHREN

Das Fahrrad ist ein ausreichendes Transportmittel für Alderney. In St. Anne finden Sie zwei Anbieter *(Miete 8 Euro/Tag, Tandem 13 Euro).*

WANDERN

An einem Tag lässt sich die kleine Insel bequem zu Fuß umrunden. Am schönsten sind der Küstenpfad im Westen und die Buchtenroute zwischen Saye Bay und Longis Bay im Nordosten.

ALDERNEY

◼ STRÄNDE

Die besten Badestrände sind *Braye Bay* [122 B1] und zum Sandburgenbauen *Saye Bay* [122 B–C1] mit Campingplatz, *Corblets Bay* [122 C1] zum Surfen mit Liegebrett, *Longis Bay* [122 C1] ist gut für Kinder geeignet. *Saline Bay* [122 A–B1] ist schön zum

trifft man im Pub *Divers Inn* die Einheimischen oder sitzt im Biergarten vom *Moorings* einige Eingänge weiter. Der Gang hinauf nach St. Anne dauert 15 Minuten, lohnt sich aber, da die Kneipen auf Victoria und High Street [122 B2] im Sommer brummen. Im *Albert House* gibts Darts und Bil-

Ein Anziehungspunkt für sandhungrige Burgenbauer: Braye Bay an Alderneys Nordküste

Schauen und Forschen, zum Schwimmen aber zu gefährlich. Der felsige *Clonque Beach* [122 A2] lädt ein zum Entdecken von Seesternen, Seeanemonen, Krebsen und einer Garnelenart, die ihre Farbe der Umgebung anpasst.

◼ AM ABEND

Für die Größe der Insel ist das Nachtleben erstaunlich. Manche Besucher kommen nur zum ★ Kneipenbummel her. Unten am Hafen [122 B1]

lard zu lauter Musik, im *Campania* und *Coronation* geht ebenfalls die Post ab. Ruhiger essen und trinken lässt es sich im geräumigen *Chez*, das *Marais Hall* ist voller *locals*. Den Absacker sollte man dann im leicht schrägen *Belle Vue* in der Butes Road nehmen.

◼ AUSKUNFT

TOURIST INFORMATION CENTRE [122 B2]
Victoria Street | Tel. 01481/82 28 11 | www.visitalderney.com

> MIT DER KUTSCHE DURCH SARK, WEISSE STRÄNDE AUF HERM

Keine Autos, kein Stau, kein Lärm: das verträumt-romantische Sark und der Traum vom Paradies auf Herm

> Als „Feenschloss voller Wunder" beschrieb Victor Hugo Sark, die zweitkleinste der Kanalinseln, diesen Trutzfelsen im Meer.
Wiesen, die sich wie sattgrüner Samt über die Klippen ziehen, blaue Wildhyazinthen und leuchtende Osterglocken. Sark ist ein Wunderland: Autos sind auf der Insel verboten, Pferdekutschen pantoffeln über die Wege, Traktoren transportieren Ernte oder Gepäck.

Ähnlich idyllisch und doch ganz anders präsentiert sich Herm, mit 2 km^2 die kleinste Kanalinsel. Gekrönt von einem Herrenhaus, gesäumt von pastellfarbenen Cottages, im Norden mit langen Stränden, im Süden mit einer Steilküste mit Farn und Blumen, wirkt Herm wie von Beatrix Potter gemalt.

1949 verpachteten die States of Guernsey die Insel für 100 Jahre an den Neuseeländer Peter Wood und

Bild: Fisherman's Cottage auf Herm

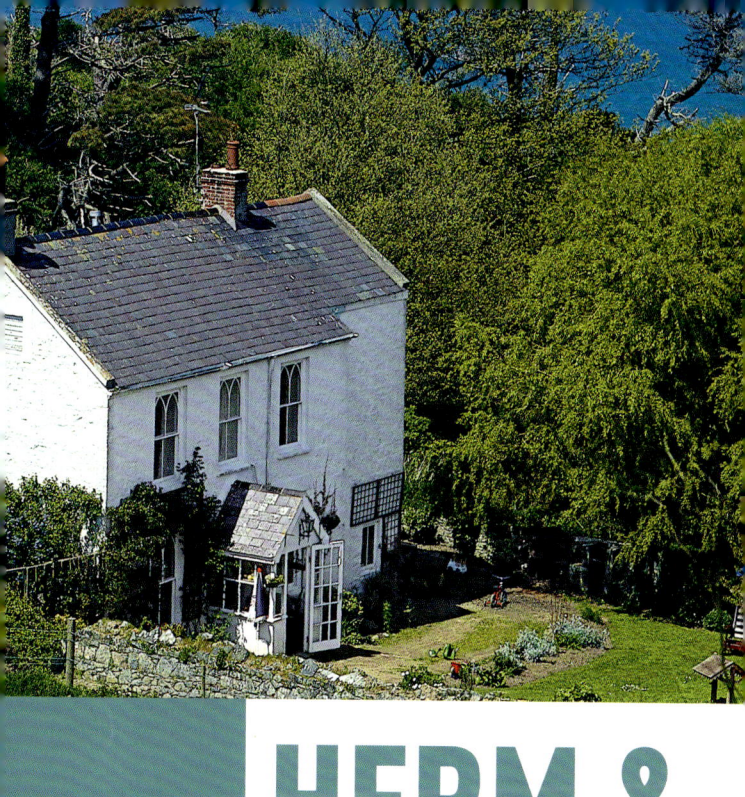

HERM & SARK

HERM

seine Frau Jenny. Die Woods schufen ein Paradies, der Idee vom sanften Tourismus um Jahrzehnte voraus. Es gibt keine Autos, vier Fünftel der Urlauber sind Stammgäste. Heute leitet Tochter Penny Heyworth mit ihrem Mann, dem Inselmanager Adrian, die Geschicke der Insel. Aus privaten Gründen wollen die Inhaber nun die Pacht der Insel verkaufen, doch wird für Besucher voraussichtlich alles beim Alten bleiben.

55 Menschen leben und arbeiten auf Herm: im Hotel, dem Pub, den Gift Shops oder Cafés. Rund zehn Kinder werden in einem kleinen Schulraum unterrichtet. Um die tropische Flora der Insel kümmern sich zwei Vollzeitgärtner. Die Pflanzen genießen ein frostfreies, fast mediterranes Klima. Das bevorzugen auch verschiedene Seevogelarten. So kann man etwa im

HERM

April Papageitaucher in der Puffin Bay sehen.

Bei Flut fährt die von Guernsey kommende Fähre (Fahrzeit 20 Minuten) Herm Harbour an, bei Ebbe die Rosière Steps, Stufen, die hinauf auf die Insel führen. Treffpunkt ist das

■ **SEHENSWERTES** ■

LE MANOIR (MANOR HOUSE)　[120 A1]

1891 kaufte Prinz Gebhard Lebrecht Blücher von Wahlstatt die Insel. Er verlieh dem Herrenhaus und der Kapelle durch Umbauten ihr herrschaftliches Gesicht. Nach Ausbruch des

Am Hafen in Herm: Auch eine kleine Insel braucht ihre Wegweiser

kleine Village: ein Pub, drei Souvenirgeschäfte und das Hotel. Von der einzigen Inselkreuzung führt eine Straße bergauf zum Manor House.

Im Inselnorden finden sich zwischen Wiesen und Dünengräsern Überreste von Dolmen und Megalithgräbern. Mönche siedelten bis zum 12. Jh. auf Herm. Später zog die Insel Literaten wie D. H. Lawrence oder Vita Sackville-West an. Herms Magie wird auch bei einer Kurzvisite offenbar: eine heile Welt ohne Stress, nur einen Steinwurf vom Alltag.

Ersten Weltkriegs wurde er als gebürtiger Preuße von der Insel verwiesen. Heute ist das Anwesen, dessen Mauern auf das 15. Jh. zurückgehen, Domizil der Heyworth-Familie und nicht zu besichtigen. Beherrscht wird es von einem mächtigen Turm, ringsherum verteilen sich die Cottages der Inselbewohner, Schule, Kapelle und Ferienwohnungen.

POINT SAUZEBOURGE ☀　[120 A2]

Der südlichste Punkt der Insel erhebt sich mit bis zu 70 m hohen Klippen aus dem Meer und gewährt einen direkten Blick auf die Privatinsel Jethou.

ST. TUGUAL'S CHAPEL [120 A1]

Die kleine Kapelle geht bis aufs 11. Jh. zurück. In den Fenstern verewigten die Woods Strände, Kühe und die Pinien von Herm. Ihr Grab befindet sich auf dem kleinen Friedhof vor der Kapelle.

ESSEN & TRINKEN

MERMAID PUB [120 A1]

Pubfood von Baguettes über Chili con Carne bis zu *baked potatoes*. Im Sommer beliebter Treff zum Barbecue im Innenhof. *Tgl.* | *Tel. 01481/71 01 70* | €

SHIP BAR [120 A1]

Maritimes Ambiente, Snacks, Five o'Clock Tea am Kamin. *Tgl.* | *Tel. 01481/72 21 59* | €

WHITE HOUSE HOTEL RESTAURANT [120 A1]

Blick auf den Hafen, den Sonnenuntergang und die Lichter von Guernsey. Dazu gute Küche und umfangreiche Weinauswahl. *Tgl.* | *Tel. 01481/72 21 59* | €€

ÜBERNACHTEN

SEAGULL CAMPSITE [120 A1]

Gute Alternative für Familien: zelten auf der „Berg"-Kuppe von Herm mit weiten Blicken aufs Meer. Das Equipment muss nicht mitgeschleppt werden – ein Zelt können Sie ab 26 Euro pro Person und Woche mieten. *Tel. 01481/72 23 77* | *Fax 70 03 34* | *www.herm-island.com/camping*

SELFCATERING COTTAGES [120 A1] Insider Tipp

18 hübsche Refugien für den Ausstieg auf Zeit, z. B. das *Belvoir House* nahe der Belvoir Bay oder das weiße *Fisherman's Cottage* mit eigenem Strand. *Tel. 01481/72 23 77* | *Fax 70 03 34* | *www.herm-island.com/selfcatering/cottages* | €€€

WHITE HOUSE HOTEL [120 A1–2]

Flatternde Fahnen vorm Haus, Hortensien im Garten, Deckchairs auf gepflegtem Rasen – very British und stilvoll. Nur mit Halbpension! *39 Zi.* | *Tel. 01481/72 21 59* | *Fax 71 00 66* | *www.herm-island.com/hotels* | €€€

STRÄNDE

BELVOIR BAY [120 A-B1]

Wie ein Halbmond liegt die Belvoir Bay an der Ostküste. Das Meer

MARCO POLO HIGHLIGHTS

★ **La Sablonnerie**
Countryhotel in uraltem Cottage auf Sark: Wer nicht über Nacht bleibt, nimmt im Teegarten Platz (Seite 94)

★ **La Seigneurie**
Rosenrondell, Heckenlabyrinth, Blütenpracht – Sinnenrausch für Botaniker und Blumenliebhaber auf Sark (Seite 92)

★ **La Coupée**
Zwischen Himmel und Erde: Der schwindelerregende Grat mit Ausblick verbindet Sark mit Little Sark (Seite 91)

★ **Shell Beach**
Karibikfeeling auf Herm: Pudersand mit weißen Muscheln (Seite 90)

rauscht, der Strand ist so intim, dass man ihn nie mehr verlassen möchte. Blick auf die 40 km entfernte Normandie. Café.

SHELL BEACH ⭐   [120 A1]
Ein Traum: karibikgleicher Vanillestrand, an dem der Golfstrom seltene Muschelarten anspült. Mit Café.

■ AUSKUNFT ■
TOURISTENINFORMATION   [120 A1]
Am Hafen | Tel. 01481/72 23 77 | Fax 70 03 34 | www.herm-island.com

SARK

Das Plateau ist 5,5 km² groß, 100 m hoch und thront wie eine Krone über der See: der letzte Feudalstaat Europas. Seit dem 16. Jh. wird die Insel Sark in Erbfolge von einem „Seigneur" regiert, aktuell von Michael Beaumont. Der Inselherr gebietet über rund 550 Ew. und wird vom Inselparlament unterstützt. Seit 1564 ist das Land in 40 Pachtgrundstücke *(tenements)* aufgeteilt. Heute wie einst müssen die *tenants* ihre Pacht an den Seigneur zahlen, der wiederum führt an die Queen ab.

Manches mutet an wie aus dem Mittelalter: Es gibt weder Kranken- noch Rentenversicherung – im Alter springen die Familien ein. Nur noch zwei Farmer existieren auf der Insel, ihre Guernseyherde – keine andere Rasse darf gehalten werden – liefert die sahnige Milch, die u. a. in Eis und Pralinen fließt. Ökologisches Gemüse wurde auf Sark schon vor dem Bioboom großgeschrieben, der Einsatz von Chemie und Dünger ist zum Schutz des Grundwassers verboten.

Immer wieder ging Sark durch die Medien wegen der rund 25 000 Briefkastenfirmen, die mittlerweile ihren Sitz auf der Insel genommen haben: Faxanschlüsse und Modems in Scheunen und Gewächshäusern … Inzwischen gibt es dazu Einschränkungen: Ein „Firmendirektor" muss nun über sein Unternehmen wenigstens ansatzweise Bescheid wissen, eine Kommission verlangte, dass pro Kopf nicht mehr als 30 Posten angehäuft werden dürften.

Der größte Einschnitt in das feudale In-den-Tag-hinein-Leben geschah 2006. Zwei superreiche britische Geschäftsleute griffen in die Inselgeschicke ein: Die Brüder, denen u. a. Medien und Hotels gehören, hatten 1993 das zu Sark gehörende Inselchen Brecqhou gekauft und es zu einer privaten Festung ausgebaut. Vielleicht war den scheuen Milliardären das feudale Seigneurwesen ein Dorn im Auge. Sie begannen jedenfalls, die alten Inselsitten und -gesetze mit europäischen Gerichtsbeschlüssen auszuhebeln und kauften Grundstücke. Ende 2008 hielt die Demokratie mit Wahlen Einzug auf Sark.

Vom Hafen setzt sich ein Traktor in Bewegung und bringt Gehunlustige bergauf zum Village. Urlauber und Einheimische schlendern über „The Avenue", die Geschäftsader der Insel. Hier liegen die Post, zwei Cafés, der Island Store, zwei Banken, eine Töpferei, ein Juwelier und ein großer Fahrradverleih. Majestätisch lässt sich in einer Kutsche die Insel erkunden, ungezwungener per Rad – vorbeirollen an alten Cottages, duftendem Ginster und der glitzernden See.

▸SEHENSWERTES◂

CREUX HARBOUR [122 C5]

Fischerboote sind vertäut, Yachten ankern. Der im 16. Jh. angelegte Hafen ruht neben Maseline Harbour, dem Haupthafen, mit dem er durch einen Tunnel verbunden ist. Im Sommer kreuzen hier geschmückte Boote beim Sark Water Carnival.

GOULIOT CAVES [122 B4–5]

Sark und Brecqhou trennt die Gouliot Passage, hier befinden sich Höhlen, die nur bei Ebbe (!) aufgesucht werden können. Sie sind Heimat zarter Seeanemonen.

LITTLE SARK [122 B5–6]

Steil fallen die Klippen bei ★ ❊
La Coupée ins Meer. Der schmale Naturdamm trennt Little Sark von der Hauptinsel. Weite Blicke auf Buchten und das Tor in eine verzauberte Welt: Im Frühjahr leuchten Wildnarzissen, recken sich Brombeerhecken und alte Cottages. Wenn eine steife Brise weht, ist Standvermögen gefragt. Radfahrer und Kutschenpassagiere müssen vor dem schmalen Naturdamm absteigen. Erst 1945 wurde der 90 m über dem Meer liegende Übergang von deutschen Kriegsgefangenen betoniert. Zuvor war er durch die 1909 gebauten Geländer gesichert.

Im Südwesten wurde ab 1835 von Port Gorey aus Silber verladen. Zehn Jahre lang war Sark im Silberrausch, beschäftigte 80 Arbeiter in den Minen. 1847 wurde der Abbau einge-

Die Gouliot Passage trennt Sark vom vorgelagerten Privatinselchen Brecqhou

stellt. Verblieben sind die von Gras überwucherten Kamine und Turmruinen. Am Südzipfel füllt die Flut eine populäre Felsbadewanne, den *Venus Pool:* Bade- und Tauchfreude mit 5 m Tiefgang.

Insider Tipp

MASELINE HARBOUR [122 C4]

Die Bauarbeiten für den Tiefwasserhafen von Sark wurden erst 1949 nach Unterbrechungen im Zweiten Weltkrieg fertiggestellt. Hier ankern die Fähren, Gepäck und Güter werden verladen, Besucher gehen durch den Tunnel zum kleinen Vorplatz, werden ins Dorf gefahren oder wandern zu Fuß über den Harbour Hill (ein kleiner Weg läuft parallel zur Straße).

POINT ROBERT [122 C4]

Der 1912 gebaute Leuchtturm ragt an der Ostküste empor. Er ist nicht zu besichtigen, doch direkt hinter ihm können Sie auf die ❄ Klippen steigen und den Panoramablick bis Maseline Harbour genießen.

>LOW BUDGET

> Auch auf Sark ist Camping der beste Tipp fürs kleine Budget (7 Euro/Person): *La Valette* (Tel. 01481/83 20 66 | www.simplysark.co.uk) und *Pomme de Chien* (Tel. 01481/83 23 16 | www. freewebs.com/sarkcamping) heißen die beiden einfachen Zeltplätze.

> Wer früh aufsteht, spart: Das erste Boot der Trident Ferry von St. Peter Port nach Herm legt um 8.30 Uhr ab und kostet nur 9 statt knapp 12 Euro. Dieses (Früh-)Ticket ersteht man an Bord.

PRISON [122 B5]

Wächter des winzigen Zweizellengefängnisses sind der „Constable" und der „Vingtenier". 2003 wurde erstmalig ein weiblicher Constable einberufen. Das Gefängnis ist Herberge für maximal 48 Stunden, größere Fälle (die es nie gab) werden nach Guernsey überstellt.

SARK OCCUPATION & HERITAGE MUSEUM [122 B4–5]

Kleine Sammlung zur Inselgeschichte und Okkupationszeit. *Sommer Mo–Sa 11–17 Uhr | 2,50 Euro | Rue Lucas*

LA SEIGNEURIE ★ [122 B4]

Das Herrenhaus ist seit 1730 Amtssitz des Seigneurs. Die Grundmauern gehen auf das 16. Jh. zurück, zum Teil wurden Steine der alten Abtei St. Magloire verwendet. Das Gebäude mit der Kapelle aus dem 18. Jh. und dem Taubenturm kann nicht besichtigt werden. Zugänglich sind jedoch die Parkanlagen mit Irrgarten, von Buchsbaum gesäumten Beeten und Rosenrondell. *Mo–Fr, im Juli/Aug. auch Sa 10–17 Uhr | 2,50 Euro*

ST. PETER'S CHURCH [122 B4]

Für den Dumpingpreis von 1000 Pfund wurde 1820 die anglikanische Kirche der Insel gebaut. In den geschnitzten Kirchbänken reservieren die mit Wappen bestickten Sitzkissen die Plätze der alten Sarkfamilien, der *tenants.*

WINDMÜHLE [122 B4–5]

1571 gebaut, ist sie die zweitälteste Mühle der Britischen Inseln. Lange Zeit außer Betrieb, verfaulten die

Ein stilvoller „Regierungssitz": Herrenhaus La Seigneurie mit Rosengarten

Hölzer und wurden jetzt von den Insulanern aufwendig restauriert, eine Besichtigung des Inneren ist jedoch nicht möglich.

WINDOW IN THE ROCK/ PORT DU MOULIN ✸ [122 B4]

Hinter der Seigneurie gelangen Sie zum Port du Moulin. Am Ende des Wegs ist ein Fenster im Fels, das geschaffen wurde, um ankernde Schiffe per Flaschenzug zu entladen. Durch den Durchbruch schauen Sie bis hinüber nach Herm.

▶ ESSEN & TRINKEN

AVAL DU CREUX HOTEL [122 C4–5]

Frisch gefangener Hummer, Muscheln, Austern – gute Meeresküche. *Abends geschl. | Harbour Hill | Tel. 01481/83 20 36 | €€*

LA MOINERIE HOTEL [122 B4]

Der Eigentümer ist Seemann und serviert ausschließlich tagesfrische Ware. *Tgl. | Rue du Rade | Tel. 01481/ 83 20 89 | €–€€*

PETIT CHAMP HOTEL [122 B4]

Fünfgängemenü oder Dinner à la carte: Grande Cuisine. *Tgl. | Mill Lane | Tel. 01481/83 20 46 | €€*

LA SABLONNERIE [122 B5]

Frischer Hummer mit Orangen- oder einer leichten Champagnersauce? Dazu feldfrische Sarkkartoffeln und bissfestes Gemüse – in der Sablonnerie dinieren Sie hervorragend. Zuvor trifft man sich zum Cocktail in der gemütlichen Bar. Das beste Restaurant der Insel! *Little Sark | Tel. 01481/83 20 61 | www.lasablonnerie. com | €€€*

▶ EINKAUFEN

CARAGH CHOCOLATES [122 B5] Insider Tipp

Pralinen aus feinster Sarksahne und edler Schokolade. *La Coupée | www. caraghchocolates.sark.net*

ISLAND STORE [122 B4–5]

Alles, was man zum Leben braucht, Milch und Eis von der Insel. *The Avenue*

SARK

LORRAINES POTTERY [122 B4–5]

Irdenes und Getöpfertes von Sark. *The Avenue*

▓ ÜBERNACHTEN ▓

LA MARGUERITE [122 B5]

Miss-Marple-reifes Cottage in „City-lage". Netter Familienbetrieb. *3 Zi. | Rue Hotton | Tel. 01481/83 22 66 | www.sercq.com | €*

PETIT CHAMP HOTEL ✿ [122 B4]

Seelust: an der Westküste von Pano-ramafenstern oder eigenem Balkon aufs Meer blicken. Gute Küche. *13 Zi. | Mill Lane | Tel. 01481/83 20 46 | Fax 83 24 69 | www.island-of-sark. co.uk | €€*

LA SABLONNERIE ★ [122 B5]

Wiederholt wurde es zum besten Country-House-Hotel Großbritanniens gekürt. Das Ensemble aus teils 400 Jahre alten Cottages ist ein Ort, um die Seele baumeln zu lassen: kein Fernseher, kein Fax, dafür ein blühender Garten und exzellente Dinnerauswahl am Kamin. Nachteil: Der Preis ist hoch für die (außer der Suite) kleinen Zimmer. Zum Hotel gehört ein hübscher Teegarten mit Spezialitäten. Das Restaurant ist berühmt für seinen Hummer. *22 Zi. | Little Sark | Tel. 01481/83 20 61 | Fax 83 24 08 | www.lasablonnerie. com | €€ – €€€*

STOCKS ISLAND HOTEL [122 B5]

Landlust: hübsche Zimmer und ausgezeichnete Küche. Inhaberin Muriel Amorgie kümmert sich herzlich um ihre Gäste. *20 Zi. | Le Manoir Valley | Tel. 01481/83 20 01 | Fax 83 21 30 | www.stocks-sark.com | €€ – €€€*

LE VIEUX CLOS [122 B5]

Kleines Gästehaus, freundliche Zimmer, aber ohne Bad. *6 Zi. | Rue du Moulin | Tel. 01481/83 23 41 | Fax 83 25 71 | €*

▓ FREIZEIT & SPORT ▓

BOOTSTOUREN

Dreistündige Bootstouren bietet der Seevogelspezialist George Guille an. *Tel. 01481/83 21 07 | ca. 28 Euro/ Person*

FAHRRADVERMIETUNG

Das adäquate Fortbewegungsmittel, im Sommer reservieren! Ca. 8 Euro pro Tag. *AB Cycle (bei der Mermaid Tavern | Tel. 01481/83 27 90 | abcy cles@wcl-sark.com); Avenue Cycle Hire (The Avenue | Tel. 01481/ 83 21 02 | Fax 83 27 20 | avenuecy clehire@talk21.com)*

GARDEN WALKS   Insi♦ Tip

Afternoon tea in Cottagegärten: Im Sommer öffnen viele Insulaner ihre Grünoasen für Interessierte. Die Touren starten freitags um 14 Uhr an der Island Hall und enden mit einer *teatime* im zuletzt besuchten Garten. *3 Euro*

KUTSCHFAHRTEN

Kutschfahrten sind die gemütlichste Art, die Doppelinsel zu erfahren. Kutschen warten an der Kreuzung La Collinette/Rue Lucas. *90 Min. 10 Euro | Sarah Bateman | Tel. 01481/ 83 20 18*

TAUCHTRIPS

Schiffswracks und Höhlen erkunden. Kontakt: *Andy Leaman | Tel. 01481/ 83 25 65*

STRÄNDE

Sark prägen einsame Robinsonbuchten ohne Café und Kiosk. Picknickkorb und Lektüre mitnehmen – dann wirds ein wunderschöner Strandtag.

DERRIBLE BAY   [122 B–C5]

Der Felsrücken Hog's Back trennt die Bucht von der Dixcart Bay. Badelust bei Ebbe.

LA GRANDE GRÈVE   [122 B5]

Der schönste Familienstrand, auf der Westseite von La Coupée gelegen und über Stufen erreichbar. Kinder planschen in den Felsenpools.

AM ABEND

Die Abende sind romantisch. Dank fehlender Straßenbeleuchtung ist oft ein sternenübersätes Firmament zu

Kutschen pantoffeln über die Wege – Autos sind auf Sark verboten

DIXCART BAY   [122 B5]

Die Perle unter den Buchten an der Südküste von Sark. Ein Pfad führt zu einem Miniwasserfall und weiter zum Strand. Tipp: Das kleine Felsentor ermöglicht den Wechsel der Bucht. Märchenhaft: Im Frühjahr überzieht ein Teppich blau blühender wilder Hyazinthen *(blue bells)* das *Dixcart Valley,* das hinunter zur Bucht führt.

sehen. Beliebter Treff ist die ▶▶ *Mermaid Tavern (Abzweig von der Rue Lucas).* Inseltreffpunkt ist die *Island Hall,* in der es Konzerte und Aufführungen gibt.

AUSKUNFT

VISITOR CENTRE   [122 B4]

Le Manoir (neben dem Gefängnis) Tel. 01481/83 23 45 | Fax 83 24 83 | www.sark.info

> ZWEI TAGESTOUREN AUF DEN BEIDEN HAUPTINSELN

Eine Rundtour mit dem Rad auf Jersey
und eine Erkundungsfahrt auf Victor Hugos Spuren durch Guernsey

Die Touren sind auf dem hinteren Umschlag und im Reiseatlas grün markiert

1 JERSEY MIT DEM FAHRRAD

Auf verkehrsberuhigten *green lanes* und kleinen Nebenstraßen erradeln Sie sich Jersey in einem Tempo, das der Inselgröße angepasst ist – und sehen mehr als jeder Autofahrer. Für die nur rund 30 km lange Tour sollten Sie sich dennoch einen Tag Zeit lassen, damit Sie genügend Zeit für Besichtigungen und Pausen haben. Unersetzlich ist Perry's

Cycling Map: Sie verzeichnet ein Netz von sechs großen Schleifen, die am Straßenrand gut sichtbar ausgeschildert sind.

Los geht's in St. Aubin, dem Bogen der Bucht in Richtung St. Helier folgend. Die besonders morgens vor 9 Uhr stark befahrene Hauptverkehrsader der Insel verlassen Sie aber schon nach wenigen Kilometern. Wo ein Schild die **Jersey War Tunnels** *(S. 44)* ankündigt, zweigt Route 4 nach Norden ab. Das Kriegsmuseum

Bild: St. Brelade's Bay auf Jersey

AUSFLÜGE & TOUREN

sollte der erste Stopp sein. Danach steigt die Route über eine schmale *green lane* leicht an.

Nach einer halben Fahrstunde ist bereits das Inselzentrum erreicht. Der Verkehr beschränkt sich auf wenige Fahrzeuge. Interessanter sind Ross und Reiter auf den *green lanes:* Die Gentlemen tragen Barbour, die Ladies knallroten Lippenstift und sind sorgfältig geschminkt. Kaum haben Sie sich aber an den blühenden Irr-

garten mit schmalen Hohlwegen und engen Kurven gewöhnt, taucht der steinerne Kirchturm des Dörfchens *St. John* auf.

Hinter der Kirche folgen Sie nun dem Radweg 1 nach Westen. Bald taucht das rustikale Pubrestaurant *La Fontaine (S. 39)* auf. Über das Sträßchen Monte de Barcelone führt die Route in ein geheimnisvolles Tal mit Cottageruinen hinab. Vom Haus L'Écluse klettert der Weg wieder empor. Rechts taucht ein Hinkelstein auf, einer von zwölf, von denen jede der Inselgemeinden einen zum Jahrtausendwechsel aufgestellt hat. Das *Priory Inn* lädt zur Einkehr im Biergarten oder zum kurzen Fußweg zum ❄ *Devil's Hole (S. 37)* an der Küste. Sie haben die Insel jetzt einmal von Süden nach Norden durchquert. Grund genug, das Rad zur Weinverkostung bei *La Mare Wine Estate (S. 38)* abzustellen.

Route 1 führt von hier aus weiter der Nordküste entlang gen Westen, wo sich die Landschaft mehr dem Blick öffnet. Sie können aber auch einer Nebenroute – in der Karte gelb unterlegt – zurück zum Herz der Insel folgen. Tasten Sie sich entlang alter Gehöftmauern, pompöser Auffahrten, Pferdekoppeln und Kuhweiden, bis urplötzlich der Kirchturm des geschäftigen Dörfchens *St. Mary* auftaucht. In der Nähe des Jersey Flower Centre queren Sie die B 39, verschwinden wieder über die „Route de la Prairie" ins typische Dickicht der *green lanes* und treffen erneut auf die Route 4. Von nun an gehts leicht bergab über eine kurvige Waldstraße. Der Weg zurück nach St. Aubin durch das bewaldete *Waterworks Valley* passiert drei Wasserreservoire. Die letzten Kilometer muten beinahe an, als rolle man durch Regenwald.

2 AUF DEN SPUREN VON VICTOR HUGO

🚗 Ein Stück Frankreich, das ins Meer gefallen ist und von England aufgesammelt wurde", so beschrieb Victor Hugo die kleine Inselgruppe, auf der er im Exil weilte und bei gutem Wetter bis in seine Heimat Frankreich blicken konnte. Auf Jersey verbrachte er drei Jahre, auf Guernsey 15. Den Spuren des Schriftstellers und Malers ist diese rund 30 km lange Hugo-Landpartie gewidmet. Für den Ausflug benötigen Sie ein Auto und, falls Badeausflüge eingeplant werden, einen Sonnennachmittag Zeit.

Der Literat von Weltrang war aus Frankreich geflohen: Napoleon III. hatte Haftbefehl gegen den republikanisch gesinnten Dichter erlassen. Am 5. August 1852 steuert Hugo Jersey an, sein Exil. Die Tage auf der Insel sind für ihn gezählt, als er sich mit ausgewiesenen Zeitungsredakteuren solidarisiert. 1855 wird er von Jersey verbannt, sein Schiff steuert den Hafen von Guernsey an. Kurze Zeit später trifft ein weiteres Boot aus Frankreich ein. Ihm entsteigt Juliette Drouet, Hugos langjährige Geliebte. Das heutige Ship and Crown Pub gleich gegenüber vom Pier hieß damals noch Crown Hotel. Hier nahm die Schauspielerin Quartier, bevor sie ein kleines Haus nahe Hugos Villa bezog. Ein paar Schritte sind es bis zur High Street. Im dortigen Hotel de l'Europe fand Victor Hugo nebst seinem Sohn François für die ersten Nächte Unterkunft.

Nicht weit davon ragt die *Town Church (S. 73)* von St. Peter Port auf. Die zwischen Market Street und High Street gelegene Kirche hat Hugo in seiner Erzählung „Das Teufelsschiff" beschrieben. Nur wenige Meter weiter beginnt das *Old Quarter*. Der Schriftsteller und Lebemann bevorzugte die kleinen Geschäfte in der *Mansell Street*. Sein Domizil thronte in der *Hauteville Street* – so wie das Haus seiner Geliebten: Hauteville Nr. 20 erwarb er im April 1864 für Juliette. Er selbst residierte nur einen Katzensprung entfernt im ❄ *Hauteville House (S. 73)*. Er dekorierte das Anwesen aufwendig mit allerlei Antiquitäten, Tapisserien, Delfter Kacheln, chinesischem Seidendamast und beendete am Stehpult in seinem verglasten Dachgarten „Les Misérables".

Im Sommer liebte der Dichter das Schwimmen in der *Fermain Bay (S. 63)*. Heute wird die Bucht vom wohl schönsten Klippenpfad der Insel umrahmt. Nicht weit entfernt ist die ❄ *Moulin Huet Bay (S. 60)* an der Südküste. Hugo liebte sie ebenfalls zum Schwimmen und für ausgiebige Picknicks. Gleich oberhalb der Bucht findet sich ein netter Tearoom mit Blick aufs Meer. Weiter an der Südküste schneidet sich *Le Gouffre* als schmales Tal in die Insel. Der Dichter hatte den kleinen Hafen, der nur von der Spitze der Klippen aus sichtbar ist, ins Herz geschlossen.

Zu seinen gespenstischen Geschichten inspirierte ihn ein verwunschenes Haus: Südwestlich der Hochebene von Pleinmont in Torteval finden sich die Ruinen des Spukhauses, das er in „Les Traveilleurs de la Mer" beschrieb. Schattengestalten und Phantasiebilder auch an der Westküste: Bei Ebbe erkundete Hugo die Felsen-Fata-Morgana der *Cobo Bay (S. 67)*, die ihn mal an Löwen, mal an Kamele oder Geister erinnerte. Die schöne Bucht ist ein idealer Platz, um diese Tour ausklingen zu lassen.

Hauteville House: Auf Guernsey fand der Lebemann und Poet Victor Hugo ein Exil mit Stil

EIN TAG AUF JERSEY
Action pur und einmalige Erlebnisse.
Gehen Sie auf Tour mit unserem Szene-Scout

WIE IM BILDERBUCH

8:00

Nein, es ist kein Traum, auch wenn es so aussieht. Der Tag beginnt im wilden Garten mit Blick auf den Hafen und die St. Aubin's Bay. Im Hotel *Harbour View Jersey* das englische Frühstück mit Bacon, Spiegelei und frischem Toast im Schatten der Palmen auf der Terrasse genießen! **WO?** *Le Boulevard | St. Aubin's Harbour | St. Brelade | www.harbourviewjersey.com*

9:30

HIMMELSSTÜRMER

Nach dem entspannten Start in den Tag ist es Zeit für den ersten Adrenalinschub. Mit dem Flugzeug gehts auf 3000 m über die St. Aubin's Bay. Tief durchatmen und dann mit dem Tandempiloten in den 1500 m langen freien Fall springen. Der Kameramann springt mit und liefert Beweisfotos für zu Hause! **WO?** *Jersey Airport | St. Peter | Kosten: 275 Euro | www.skydivejersey.net*

SCHATZINSEL

11:00

Wecke den Piraten in dir! Abenteuergeist und Spürsinn sind gefragt, wenn man entlang der Küste den versteckten Schätzen auf der Spur ist. Die Schatzkarte? Ein GPS-Gerät mit den Koordinaten der Verstecke. Wer den Schatz gefunden hat, trägt sich ins Logbuch ein und verewigt sich als Schatzsucher. **WO?** *Internetcafé i-Point | 25–26 The Esplanade | St. Helier | Daten im Internet unter www.geocaching.com.*

12:30

ROYAL LUNCH

Echte Abenteurer haben auch echten Appetit, also auf ins *Sirocco* im Hotel *The Royal Yacht*. Den Hafen fest im Blick, genießt man Leckereien wie getrüffelte Blumenkohlsuppe mit gegrillten Kammmuscheln und Rosinen. Das Restaurant ist bekannt für seine Seafoodgerichte wie Taschenkrebs mit Thunfischtatar und Kaviar. Sophisticated und richtig lecker! **WO?** *The Royal Yacht | Weighbridge | St. Helier | www.theroyalyacht.com*

24 h

FUNKY ARTS BY THE SEASIDE

14:30

In der kleinen Strandhütte *Fish 'n' Beads* gibts bunte Glasperlen, Muscheln und andere Fundsachen aus dem Meer. Die Lieblingsstücke aussuchen, auf eine Bank in den kleinen Garten vor den Shop setzen und losfädeln. Die verspielten Ketten sind garantiert einmalig und die perfekte Erinnerung an einen sonnigen Strandtag. **WO?** *St. Brelade's Bay | geöffnet: April–Sept. | http://fishnbeads.googlepages.com*

16:00

AB DURCH DIE WELLEN

Schwimmweste an, ab ins Kajak und die Felsen und Klippen entlang der Küste umschippern. Die spannenden Fahrten in die Höhlen und engen Schluchten garantieren Gänsehautfeeling. Unbedingt eine kleine Verschnaufpause an einer der Minibuchten einplanen und die verborgenen Wasserfälle entdecken! **WO?** *Ackaless | La Grande Route de La Cote | St. Clement | www.jerseykayakadventures.co.uk*

NEW WORLD CUISINE

19:30

Seeluft macht hungrig! Da kommt der urige Innenhof des *Doran's Courtyard Bistro* mit seiner mediterran-marokkanischen Fusionküche gerade recht. Spezialitäten wie das geschwärzte Rinderfilet auf Pancetta-Püree mit Austernpilz-Spinat-Frikassee und Trüffeljus probieren. Bei so viel Küchenphantasie ist die Geschmacksexplosion garantiert! **WO?** *Kensington Place | St. Helier | www.doransbistro.co.uk*

23:00

TANZ IN DIE NACHT

Genug geschlemmt, jetzt wird gerockt. Auf ins *Envy-Separee* im *Liquid Club*. Laser, bunte Kerzenleuchter, üppiges Interior und ein Vip-Raum lassen verwöhnte Partyherzen höher schlagen. Drink holen, die Tanzfläche stürmen und zu den lässigen Housebeats bis zum Morgengrauen feiern! **WO?** *The Waterfront | St. Helier | ab 23 Jahren | www.liquidclubs.com/jersey/club.html*

> HAUPTDARSTELLER IST DIE NATUR

Die überschaubaren Dimensionen der Kanalinseln sorgen dafür, dass sportliche Aktivitäten nicht in Stress ausarten

> **Das milde Reizklima der Kanalinseln kitzelt Besucher ständig und reizt zu einem aktiven Urlaub – Bewegung liegt förmlich in der Luft.**

Eine Kombination aus sommerlichem Badeurlaub in den flachen, sich rasch aufheizenden Buchten und Wanderausflügen in den Küstenfelsen ist besonders auf Jersey und Guernsey zu empfehlen. Ausgezeichnet sind dort auch die Radelmöglichkeiten.

ANGELN

Die besten Küstengebiete zum Auswerfen der Angel sind auf Jersey die St. Ouen's Bay, das St. Catherine's Breakwater im Osten und Sorel Point im Norden. Auf Guernsey ist besonders der Süden ergiebig, während man auf Alderney im Norden und Osten die besten Chancen hat, etwas an der Angel zappeln zu haben. Informationen bei den Tourismusbüros der Inseln.

Bild: Golfplatz auf Alderney

SPORT & AKTIVITÄTEN

◼ GOLF

Gemessen an der Größe der Inseln ist das Golfangebot exzellent. Auf Jersey locken die 18-Loch-Plätze La Moye und der Royal Jersey Golf Club bessere Spieler, die ihr Handicap nachweisen müssen. Anderen Golfern stehen auf der Insel vier weitere Plätze zur Verfügung, wovon *Les Mielles* und *Les Ormes* wegen ihrer Düneneinbettung landschaftlich besonders attraktiv sind. Auf Guernsey weisen der *Royal Guernsey and L'Ancresse Golf Club* sowie der *La Grande Mare Golf Club* 18 Löcher auf, im *St. Pierre Park Hotel Golf Club* spielt man auf neun Löcher. Auf Alderney gibt es einen schönen 9-Loch-Kurs.

◼ RADFAHREN

Es gibt kein besseres Vehikel als das Fahrrad, um die Inseln in angemessenem Tempo kennenzulernen. Die

Auf dem hügeligen Jersey ist auch ein Mountainbike nicht deplatziert

Peter Port, wo Sie sich auch nach kostenlosen geführten Touren erkundigen können. *www.jersey.com/cycling*

REITEN

Reiter gehören zum Bild Jerseys und Guernseys. Besuchern seien gemütliche Spazierritte auf den *green lanes* im Inselinneren empfohlen. Am Strand galoppieren dürfen nur erfahrene Reiter, und zwischen Mai und September darf nur vor 10.30 und nach 18 Uhr am Strand geritten werden. Folgende Ställe bieten geführte Ritte und Ausrüstung an: *Bon Air Riding School & Livery Stables, La Grande Route de St-Laurent, St. Lawrence | Jersey | Tel. 01534/86 51 96; Le Claire Riding & Livery School | Sunnydale | La Rue Militaire | St. John | Jersey | Tel. 01534/86 28 23; Manor Stables | Rue des Camps | St. Martin | Guernsey | Tel. 01481/23 82 75*

WANDERN

Wanderer haben auf den *green lanes* Vorfahrt und auf den herrlichen Küstenpfaden sowieso. Auf Guernsey sind die südlichen Küstenregionen am attraktivsten für Wanderer. Auf Jersey bietet die gesamte Nordküste erstklassige Aussichten und spannende Abstiege in kleine Buchten. Lohnend sind Wanderreisen schon von März bis Mai, wenn die Küsten und Kaps vor bunt sprießender Blütenpracht geradezu explodieren. Hecken und Dünen bieten bis in den späteren Sommer hinein Blumen- und Vogelvielfalt, sodass ein Bestimmungsbuch ins Gepäck gehört – und ein kleines Fernglas: Zwischen Mai

praktisch überall zu mietenden Leihräder sind in gutem Zustand. Jersey bietet mit etwa 160 km beschilderten Radwegen das größte Netz. Allerdings gibt es dort auch einige Hügel zu überwinden. Auch das flachere Guernsey lockt mit verkehrsberuhigten Sträßchen im Landesinneren zur Entdeckung der Langsamkeit. Auf den *green lanes* bzw. *rouettes tranquilles* der großen Inseln dürfen Autos nur 24 km/h fahren oder bleiben ganz ausgesperrt, weshalb Radfahrer hier bestens aufgehoben sind. Auf Sark bleiben Radler von Autos gänzlich unbehelligt, auf dem kahleren Alderney kämpft man schon mal gegen den Wind an. Jersey und Guernsey bieten ==sehr gute, detaillierte Radführer und Karten== an. Infos bei den Touristenbüros in St. Helier und St.

Insider Tipp

SPORT & AKTIVITÄTEN

und Juli sehen Küstenflanierer den Seevögeln beim Brüten und Jagen zu. Jersey und Guernsey haben gute Wanderführer mit detaillierten Routenplänen aufgelegt. Sie können in St. Helier und St. Peter Port in den Tourismusbüros gekauft werden. Dort sollten englischsprachige Wanderfreunde sich auch nach geführten Touren erkundigen. *www.jersey.com/walking*

■ WASSERSPORT

Segler können überall Boot und Führer für Ausflüge chartern. Windsurfer schwören auf die großen Buchten Jerseys und die nördlichen und westlichen Buchten Guernseys. Auch Alderney hat gute Winde. Wer gern Kajak fährt, ist auf beiden großen Inseln richtig. Anspruchsvoll ist die Küstenquerung *Coastal Traversing:* Ausgestattet mit Schwimmwesten, Neoprenanzügen und Helmen, wird bei Niedrigwasser entlang der Steilküste abgeseilt, geklettert und geschwommen. Höhlen stehen auch auf dem kitzligen Programm. *Pure Adventure Ltd. | Tel. 01534/76 91 65 | www.purejersey.com; Outdoor Guernsey | Tel. 01481/26 34 03 | www.outdoorguernsey.co.uk*

Die Westküsten von Jersey und Guernsey sind ausgezeichnete Reviere für Wellenreiter. Die St. Ouen's Bay auf Jersey zieht sogar australische und neuseeländische Surfer an, wenn es *down under* winterlich ist. In *St. Ouen's Bay* kann man immer surfen, in *St. Brelade's Bay, Plémont Bay* und *Grève de Lecq* ist von 10 bis 19 Uhr Surfpause. Auf Guernsey ist die *Vazon Bay* beliebt, auf Alderney die *Corblets Bay.* Brett und Anzug

gibts zu leihen, und lernen kann man das Surfen auch: *Jersey Surf School | La Grande Route des Mielles | St. Ouen's Bay | Jersey | Tel. 01534/ 48 40 05 | www.jerseysurfschool.co. uk; Sail or Surf | 24 Commercial Arcade | St. Peter Port | Guernsey | Tel. 01481/71 26 21 | www.sailorsurf.com*

Taucher schwören auf die Qualität von Wasser und Licht auf den Kanalinseln. Allerdings sollten Sie sich immer der starken Gezeiten und Strömungen bewusst sein! Jerseys Nordbuchten bieten gute, küstennahe Tauchreviere. Rund um die Inseln liegen eine ganze Reihe von gesunkenen Schiffen aus mehreren Jahrhunderten. Spannendes Wracktauchen wird von den Tauchzentren für Erfahrene angeboten, die Ausrüstung

Stopp in L'Ancresse Bay auf Guernsey

wird gestellt. *Watersports Under Pressure Diving Ltd. | Albert Quay | St. Helier | Jersey | Tel. 01534/86 38 45; Dive Guernsey | Castle Emplacement | St. Peter Port | Tel. 01481/71 45 25 | www.diveguernsey.co.uk*

SPASSGOLF, STREICHELZOO UND MAISLABYRINTH

Dazu Landschaften wie aus einem Bilderbuch von Beatrix Potter

> Die klassischen Kanalinselurlauber sind in mittlerem Alter, verfügen über ein gutes Einkommen und reisen ohne Kinder. Denn zumal mit Nachwuchs sind die Inseln ein recht kostspieliges Ziel. Auf der anderen Seite stehen Aspekte, die mit Geld nicht aufzuwiegen sind: autofreie Eilande, lange, unverschmutzte Strände, extrem saubere Luft und eine heile Welt, wie Kinder sie allenfalls aus Winnie the Pooh kennen. Nostalgische Ferien mit Muschelsuchen, Pferdereiten und Strandburgenbauen.

■ JERSEY ■

AMAIZIN MAZE   [123 F3]

Ein toller Abenteuerpark für die ganze Familie (ab drei Jahren) mit verschiedenen Attraktionen: Ein Maislabyrinth, in dem es Aufgaben zu lösen gilt, Spaßgolf, Wasserpistolenduelle, Traktorfahrten, ein Streichelzoo mit Vierbeinern wie Ziegen, Kühen und Kaninchen und vieles mehr erwartet Sie im angesagtesten Familienspaßpark auf Jersey. *April–Sept. tgl. 10–18 Uhr | 9 Euro (Erw.*

und Kinder) | La Hougue Farm | La Grande Route de St-Pierre | St. Peter | www.jerseyleisure.com

DURRELL WILDLIFE
CONSERVATION TRUST   [125 D3]

Das Tophighlight für Kinder auf Jersey ist der Ausflug in den Jersey Zoo im Ortsteil Trinity. Andenbär, Orang-Utan, Gorilla sind die aufregenden Hingucker. Aber auch die Schlangen, Lemuren, Flamingos oder australischen Wombats in ihren begrünten Gehegen versetzen die Kinder in die Welt bedrohter Tiere. Bedrohte Arten werden geschützt und zum Teil später wieder in ihren Heimatländern angesiedelt. *Mai–Okt. tgl. 9.30 bis 18, Nov.–April 10–17 Uhr | 15,50 Euro, Kinder bis 16 Jahre 11 Euro | www. durrell.org*

GLAZE CRAZE   [125 F4]

Die Keramikwerkstatt in Gorey zeigt, wie man Töpferwaren herstellt. Kinder

> MIT KINDERN UNTERWEGS

dürfen rohe Gefäße mit Glasurfarben bemalen. Wenn der Topf bemalt ist, wird er gebrannt und kann nach dem Abkühlen per Post nach Hause geschickt werden. *Mo–Fr 9–16 Uhr | Kosten ab 6,50 Euro je nach Größe |* *www.jersey pottery.com*

GUERNSEY

COBO BAY [120 C3]
Weißer Sand, rosafarbene Felsen und eine perfekte Versorgung mit Kiosk, *fish 'n' chips,* Supermarkt, Pub, Parkplatz – ein beliebter Familienstrand bei Castel.

OATLANDS VILLAGE [121 E2]
Schon der Anblick der spitzen Ziegel-öfen ist spannend. Drinnen lernt man Wissenswertes über das alte Handwerk des Brennens von Ziegeln und Gefäßen. Man schaut beim Schokolademachen zu, besucht das Puppenhausmuseum oder versucht sich auf einem Minigolf-platz *(6/5 Euro)*. Kids springen Trampo-lin *(2 Euro)* oder toben in der Spiel-scheune *(3,50 Euro). Tgl. 10–18 Uhr |*

Eintritt frei | Les Gigands | Braye Road | St. Sampson

SAUSMAREZ TRAIN [121 E5] *Insider Tipp*
Ganz kleiner Zug für ganz kleine Leute: 500 m fährt die Rasselbande mit dem Minizug des Seigneurs von Sausmarez durch seine subtropischen Gärten. *April bis Okt. tgl. 10–16 Uhr | 2,50 Euro, bis 12 Jahre 2 Euro*

ALDERNEY

ANGELEXKURSIONEN [122 B2]
Mark Harding hat ein Angelgeschäft, verleiht Ruten und macht auf Anfrage kleine Angelexkursionen auch mit Kin-dern. *32 Victoria Street | St. Anne | Tel. 01481/83 48 84 |* *www.alderneyang ling.com*

AUSRITTE [122 A2] *Insider Tipp*
Jill Moore sattelt ihre Pferde auch für kleine Ausritte mit Kindern. *Std. ab 13 Euro | Telegraph Track | Tel. 07781/ 42 13 25 | bjmoore65yahoo.co.uk*

VON ANREISE BIS ZOLL

Urlaub von Anfang bis Ende: die wichtigsten Adressen und Informationen für Ihre Reise auf die Kanalinseln

ANREISE

FLUGZEUG

Die Kanalinseln sind in zwei bis drei Stunden von vielen deutschen Flughäfen erreichbar. Das dichteste Flugnetz bietet die British Airways *(www.britishairways.de)*, die in London zwischenlandet. Ihre Flugpreise beginnen bei ungefähr 250 Euro für Hin- und Rückflug. Wer seinen Flug in London unterbrechen oder kurzfristig verreisen möchte, kann etwa mit Germanwings *(www.germanwings.com)*, Ryan Air *(www.ryanair.com)*, Easy Jet *(www.easyjet.com)* und Air Berlin *(www.airberlin.com)* von zahlreichen deutschen Städten nach London jetten. In manchen Fällen muss in London der Flughafen gewechselt werden, was eine bis anderthalb Stunden Busfahrt mit National Express von Terminal zu Terminal bedeutet. Flüge nach Jersey gehen von London-City mit VLM *(fly vlm.com)*, von Gatwick (auch nach Guernsey) mit Flybe *(www.flybe.com)* und von Luton mit Easy Jet. Schnelle Vergleichsinfos bieten Suchmaschinen wie *Swoodoo.de*, *Billigflieger.de* oder *Billigfluginfos.de*.

Direkte Charterverbindungen (auch Gabelflüge) auf die Kanalinseln bietet TUI Wolters *(www.tuiwolters.de)* von Ende April bis Ende September samstags von Hannover, Düsseldorf, Frankfurt und München

PRAKTISCHE HINWEISE

an (ab 419 Euro inklusive Bahnticket zum Flughafen). Lufthansa *(www.lufthansa.com)* offeriert von Ende Juni bis Ende August samstags einen Linienflug von Düsseldorf nach Jersey (ab 300 Euro).

Von London-Gatwick verkehrt Air Aurigny *(www.aurigny.com)* mit Trislander-Maschinen nach Guernsey und Jersey, weiter nach Alderney mit zehnsitzigen Maschinen. Blue Islands *(www.blueislands.com)* bietet ebenfalls die Luftbrücke zwischen den drei Inseln (alle ab etwa 120 Euro, 15 kg Freigepäck). Diese Inselflüge dauern etwa 15 Minuten und sind ein echtes Highlight.

SCHIFF

Condor Ferries *(www.condorferries.co.uk)* verbindet die englischen Häfen Poole, Weymouth und Portsmouth mit dem französischen St-Malo via Jersey und Guernsey. Von Portsmouth ist man sieben (Guernsey) bzw. gut zehn Stunden (Jersey) unterwegs, von St-Malo gut eine Stunde (Jersey) bzw. knapp zwei Stunden (Guernsey). HD Ferries *(hdferries.com)* verbindet St-Malo mit Guernsey (anderthalb Stunden) und Jersey (zwei Stunden). Mit dem Auto und zwei Insassen kostet das Ticket bei ungebundener Rückfahrt ab 185 Euro, der Tagestrip 130 (Jersey) bzw. 90 Euro (Guernsey). Personenfähren von der nahen französischen Küste legen zudem in Carteret

und Granville ab *(www.manche-iles-express.com)*. Die Isle of Sark Shipping Company *(www.sarkshipping.info)* verkehrt mehrmals täglich zwischen Guernsey (St. Peter Port) und Sark, Manche Iles Express pendelt direkt zwischen Jersey (St. Helier) und Sark. Überfahrten dauern etwa

WÄHRUNGSRECHNER

€	£	£	€
1	0,79	1	1,26
2	1,59	2	2,52
3	2,38	3	3,79
4	3,17	4	5,05
5	3,96	5	6,31
7	5,55	7	8,83
9	7,13	9	11,36
12	9,51	12	15,14
125	99,06	125	157,74

50 Minuten. Die Insel Herm wird in 20 Minuten per Boot von Guernsey erreicht.

AUSKUNFT

Visit Britain informiert ausführlich über die Kanalinseln, und man kann Flug und Unterkunft buchen – aber alles nur übers Internet. *www.visitbritain.de, www.visitbritain.at, www.visitbritain.ch.* Jersey Prospekt-Versand: *Tel. 069/22 22 70 68*

AUTO

Sie sollten nicht mit dem eigenen Auto auf die Inseln reisen, weil es insbesondere auf Jersey und Guernsey zu viele Autos auf zu kleinem Raum gibt. Eigentlich ist das Auto nicht besonders geeignet, um die Inseln zu entdecken. Das Tempolimit liegt zwischen 24 km/h auf den *green lanes* und 64 km/h auf Durchgangsstraßen. Zum Parken müssen *paycards,* die Sie vorab erstehen sollten, bis 17 Uhr sichtbar platziert werden. Man erhält sie in vielen Geschäften, von der Autovermietung, am Fährhafen oder in der Touristeninformation. Gelbe Linien am Straßenrand bedeuten Parkverbot. Auf den Straßen um St. Helier und St. Peter Port sollten Sie die morgendliche Rushhour bis 9 Uhr meiden.

DIPLOMATISCHE VERTRETUNGEN

DEUTSCHE KONSULATE

– Ingouville House | Ingouville Lane | St. Helier | Jersey | Tel. 01534/ 51 15 13

– BW Bank | Elizabeth House | Les Rouettes | Brayes | St. Peter Port | Guernsey | Tel. 01481/73 33 30

ÖSTERREICHISCHE BOTSCHAFT

– 18 Belgrave Mews West | London SW1X 8HU | Tel. 020/73 44 32 50

SCHWEIZER KONSULAT

– c/o Rothschild Bank Switzerland | P. O. Box 330 | St. Peter Port | Guernsey | Tel. 01481/71 02 67

EINREISE

Für EU-Bürger und Schweizer genügen Reisepass oder Personalausweis. Andere Ausländer sollten sich bei der britischen Botschaft erkundigen, ob für sie Visumpflicht besteht.

FOTOGRAFIEREN

Wer noch Filme nutzt, sollte sie aus Preisgründen am besten von zu Hause mitbringen.

GELD & KREDITKARTEN

Mit der ec-Karte bekommen Sie Bargeld am Automaten. Visa und Mastercard werden weithin akzeptiert. Banken sind in der Regel Mo bis Fr von 9 bis 15.30 Uhr, manche bis 17 Uhr geöffnet.

GESUNDHEIT

Ein Arztbesuch muss sofort bezahlt werden, eine Reisekrankenversicherung ist deshalb ratsam. Apotheken *(pharmacy, chemist's)* sind Mo bis Sa von 9 bis 17.30 Uhr geöffnet. Auf

> SCHÖNE SCHEINE

Auf den Geldscheinen Jerseys piept und muht es

Jersey wird vom unsichtbaren Geld regiert – weshalb Sie sich die sichtbaren Scheine genau ansehen sollten. Die 1-Pfund-Note zeigt den Waldbaumläufer und umseitig die St. Helier Parish Church, die 5-Pfund-Note die Provencegrasmücke und das Corbière Lighthouse, die 10-Pfund-Note den Austernfischer und den

Tod von Major Pearson im Schlachtgemälde „Battle of Jersey", die 20-Pfund-Note die überwinternde Ringelgans sowie das Herrenhaus St. Ouen's Manor, die 50-Pfund-Note den Eissturmvogel und das Government House in St. Helier. Und aus allen Noten schaut die Jerseykuh als Wasserzeichen.

Jersey werden Reisende Mo bis Fr in Kliniken behandelt, deren Adresse man von der Visitor's Clinic in St. Helier unter *Tel. 01534/61 68 33* erfährt.

INTERNET

Die Websites der Inseln sind ausgezeichnet gemacht und bieten sowohl deutschsprachige als auch – vor allem – englische Informationen zu allen relevanten Themen. Jersey hat die vielfältigsten Seiten: *www.jersey.com; www.guernseytouristboard.com; www.alderney.net; www.sark-tourism.com; www.herm-island.com*. Abgesehen von diesen offiziellen Websites sei noch auf folgende Internetauftritte hingewiesen: *www.kanalinseln.de, www.kanalinseln.com, www.kanalinseln-reisen.de, www.die-kanalinseln.de*. Eine Art Newscast der lokalen Tageszeitung Guernsey-Press ist *www.thisisguernsey.com* – vielseitig und immer auf der Höhe. Wie die Guernseysite ist das Äquivalent für Jersey *www.thisisjersey.com* von der Zeitung Jersey Evening Post.

INTERNETCAFÉS & WLAN

Viele Hotels haben Geschäftskunden, weshalb die gute Verbreitung von kabellosem Internet nicht verwundert. Auch die meisten anderen Unterkünfte sind bestens vernetzt, oft bekommt man ein Ethernetkabel fürs Zimmer, kann kabellos im Zimmer oder der Lobby surfen, oder es gibt speziell einen Computer für Gäste. Die wenigen surffreien Zonen werden in Kürze von der Internetwelle erreicht werden. Deshalb verzichtet dieser Reiseführer auf die Erwähnung von WLAN bei einzelnen Adressen.

Internetcafés finden Sie vor allem in St. Helier und St. Peter Port.

KLIMA & REISEZEIT

Die Kanalinseln erfreuen sich wegen der Nähe zum warmen Golfstrom eines typisch ozeanischen, gemäßigten Klimas. Im Juli und August können sich die Tage meist über 20 Grad erwärmen, die Wassertemperatur liegt allerdings auch dann außer in flachen, geschützten Buchten knapp unter dieser Marke. April und Mai so-

WAS KOSTET WIE VIEL?

CREAM TEA	**AB 9 EURO**	für ein Kännchen Tee mit *scones*
IMBISS	**AB 5 EURO**	für eine Tüte *fish 'n' chips*
WEIN	**6 EURO**	für ein Glas Wein
BUSFAHRT	**1,30 EURO**	für eine Überlandfahrt
MIETWAGEN	**AB 21 EURO**	für einen Kleinwagen pro Tag
SEAFOOD	**AB 24 EURO**	für einen Teller mit Meeresfrüchten

wie die Zeit von Mitte September bis Mitte November sind gute Reisemonate mit vielen schönen Tagen, Tagestemperaturen zwischen 10 und 15 Grad und nur wenig Tourismus. Der Frühling ist im Vergleich zum kontinentalen Klima mild, viele Blumen profitieren davon.

In der Nebensaison ist es außerdem einfacher, auch mal spontan ein Zimmer zu finden – preislich ist freilich von Juni bis August durchgehend Hochsaison. Im Winter sind viele Attraktionen geschlossen.

MASSE & GEWICHTE

Auf den Kanalinseln gilt seit 1995 das metrische System – mit Ausnahmen im Alltag: Das britische *pound* bringt einige Gramm weniger auf die Waage als 500 g. Am Tresen wird ein *pint* ausgeschenkt, was 0,568 l entspricht. Eine *mile* sind gut 1,6 km.

MIETWAGEN

Mietwagen sind recht preiswert (Kleinwagen ab 21 Euro pro Tag bzw. 140 Euro pro Woche). Der Verkehr fließt links! Alle großen Firmen sind vertreten. Tipp: Für einen Tag ein Auto mieten, die anderen Tage auf Bus und Fahrrad umsteigen.

NOTRUF

Alllerorten wählt man *999* oder *112,* auch im Falle eines Unfalls.

ÖFFENTLICHE VERKEHRSMITTEL

Auf Jersey und Guernsey sind Busse ein ausgezeichnetes Verkehrsmittel. Ein Wochenpass auf Jersey kostet etwa 30 Euro, jede Einzelfahrt etwa 1,30 Euro (auch eine Inselumrundung), mit einem Mehrfahrtenticket wird es noch preiswerter. Auf Guernsey kostet eine Inselumrundung etwa 1,60 Euro, eine Einzelfahrt 80 Cent. Auf Sark nimmt man eine Kutsche, die auch über die schwindelerregende Verbindung zwischen den beiden Inselteilen verkehrt.

POST

Es gibt recht schöne Postkarten von allen Inseln, auf die aber unbedingt die jeweiligen Wertzeichen der Ab-

WETTER AUF GUERNSEY

Jan.	Feb.	März	April	Mai	Juni	Juli	Aug.	Sept.	Okt.	Nov.	Dez.
9	8	11	13	16	19	21	21	19	16	12	10

Tagestemperaturen in °C

Jan.	Feb.	März	April	Mai	Juni	Juli	Aug.	Sept.	Okt.	Nov.	Dez.
5	4	6	7	10	13	15	15	14	11	8	6

Nachttemperaturen in °C

Jan.	Feb.	März	April	Mai	Juni	Juli	Aug.	Sept.	Okt.	Nov.	Dez.
2	3	5	7	8	9	8	8	6	6	3	2

Sonnenschein Std./Tag

Jan.	Feb.	März	April	Mai	Juni	Juli	Aug.	Sept.	Okt.	Nov.	Dez.
14	11	9	9	9	8	9	10	11	12	12	14

Niederschlag Tage/Monat

Jan.	Feb.	März	April	Mai	Juni	Juli	Aug.	Sept.	Okt.	Nov.	Dez.
10	9	9	9	11	13	15	16	16	15	13	11

Wassertemperaturen in °C

senderinsel gehören – englische Marken gelten auf den Kanalinseln nicht. Auf einem Dutzend Inselpostämtern (*Mo–Sa 9–17 Uhr;* z. T. über Mittag geschlossen) sind die Marken erhältlich.

PREISE & WÄHRUNG

Auf Jersey gilt das Jerseypfund, auf den übrigen Inseln das Guernseypfund. Die Währung ist an das Britische Pfund angelehnt, mit dem auch bezahlt werden kann. Die Inseln geben noch – anders als in Großbritannien – Ein-Pfund-Noten heraus. Sämtliche Banknoten sind schöne Souvenirs. Im übrigen Großbritannien gelten sie nicht, deshalb sollten Sie nicht ausgegebene am Flughafen umtauschen. In einigen Restaurants kann man bereits mit Euro zahlen.

STROM

Die Netzspannung beträgt 240 V. Für Akkuladegeräte, Fön etc. benötigt man einen Adapter. Wer den vergessen hat, kann ihn vor Ort nachkaufen.

TELEFON & HANDY

Jedem Anruf aus dem Ausland muss die Landesvorwahl *0044* vorausgehen, die Null am Anfang der Inselvorwahl entfällt dann: Jersey *01534,* Guernsey, Alderney, Sark und Herm *01481.* Vorwahl nach Deutschland *0049,* nach Österreich *0043,* in die Schweiz *0041.*

Telefonkarten für Zellen gibt es etwa in Schreibwarenläden. Für kurze Auslandstelefonate eignet sich das Handy – der Empfang auf den Inseln ist ausgezeichnet. Die Roamingpreise erfahren Sie daheim auf der Website Ihres Anbieters; Roaming funktioniert aber nicht mit jedem Handyanbieter, weshalb Sie sich vorher bei Ihrem Anbieter explizit erkundigen sollten. Der Kauf einer Prepaidcard empfiehlt sich für Vieltelefonierer.

TRINKGELD

Am Tresen eines Pubs wird kein Trinkgeld erwartet. Im Restaurant und Hotel sind fünf bis zehn Prozent ein üblicher Obolus, vorausgesetzt, Sie waren mit dem Service zufrieden.

ZEIT

Wie im übrigen Großbritannien gilt auf den Kanalinseln Westeuropäische Zeit (Greenwich Mean Time), es ist also ganzjährig eine Stunde früher als in der benachbarten Normandie und in Mitteleuropa.

ZEITUNGEN

Die Jersey Evening Post und die Guernsey Evening Press sind die einzigen Regionalzeitungen, die im Stil einer Tageszeitung aufgemacht sind. Interessant für Touristen sind die Holiday-Zeitungen, die über Veranstaltungen und Termine berichten und auch den aktuellen Gezeitenplan abdrucken. In St. Helier und St. Peter Port werden deutsche Tageszeitungen und Magazine verkauft.

ZOLL

Weil die Kanalinseln nicht zur EU gehören, kann man zwar auf der Hin- und Rückreise zollfrei einkaufen, allerdings gelten daher auch die entsprechenden Beschränkungen: Zollfrei sind u. a. maximal 200 Zigaretten, 2 l Wein, 1 l Spirituosen und sonstige Waren bis zu einem Wert von 175 Euro.

> DO YOU SPEAK ENGLISH?

„Sprichst du Englisch?" Dieser Sprachführer hilft Ihnen,
die wichtigsten Wörter und Sätze auf Englisch zu sagen

Aussprache

Zur Erleichterung der Aussprache sind alle englischen Wörter mit einer einfachen
Aussprache (in eckigen Klammern) versehen. Folgende Zeichen sind Sonderzeichen:

ə   nur angedeutetes „e" wie in bitte
θ   [s] gesprochen mit der Zungenspitze zwischen den Zähnen
'   die nachfolgende Silbe wird betont

■ AUF EINEN BLICK ■

Ja/Nein	Yes [jäs]/No [nəu]
Vielleicht	Perhaps [pə'häps]/Maybe ['mäibih]
Bitte/Danke	Please [plihs]/Thank you ['änkju]
Gern geschehen.	You're welcome. [joh 'wälkəm]
Entschuldigung!	I'm sorry! [aim 'sori]
Wie bitte?	Pardon? ['pahdn]
Ich verstehe Sie/dich nicht.	I don't understand. [ai dəunt andə'ständ]
Können Sie mir bitte helfen?	Can you help me, please? ['kən ju 'hälp mi plihs]
Guten Morgen!	Good morning! [gud 'mohning]
Guten Abend!	Good evening! [gud 'ihwning]
Guten Tag!	Good morning!/afternoon!/evening! (je nach Tageszeit) [gud 'mohning/ahftə'nuhn/'ihwning]
Hallo! Grüß dich!	Hello! [hə'ləu]/Hi! [hai]
Wie ist Ihr/dein Name?	What's your name? [wots joh 'näim]
Mein Name ist …	My name is … [mai näim is]
Ich komme aus …	I'm from … [aim frəm]
… Deutschland.	… Germany. ['dschöhməni]
… Österreich.	… Austria. ['ohstriə]
… der Schweiz.	… Switzerland. ['switsələnd]
Auf Wiedersehen!	Goodbye! [,gud'bai]/Bye-bye! [,bai'bai]
Tschüss!	See you! [sih ju]/Bye! [bai]
Hilfe!	Help! [hälp]
Rufen Sie bitte …	Please call … ['plihs 'kohl]
… einen Krankenwagen.	… an ambulance. [ən 'ämbjuləns]
… die Polizei.	… the police. [θə pə'lihs]

■ UNTERWEGS ■

Bitte, wo ist …	Excuse me, where's … [iks'kjuhs 'mih 'weəs]
… der Bahnhof?	… the station? [θə 'stäischn]

… der Flughafen? … the airport? [θə ˈeəpoht]
… die Haltestelle? … the stop? [θə stɔp]
… der Taxistand? … the taxi rank? [θə ˈtäksiränk]
Bus/Fähre/Zug bus [bas]/ferry [ˈfäri]/train [träin]
Wo kann ich einen Where can I buy a ticket?
Fahrschein kaufen? [ˈweə kən_ai bai_ə ˈtikit]
Können Sie mir bitte sagen, Could you tell me how to get to …,
wie ich nach … komme? please? [ˈkud_ju ˈtäl me hau tə gät tə … plihs]
Gehen Sie geradeaus. Go straight on. [gəu sträit ˈon]
Gehen Sie nach links/rechts. Turn left/right. [töhn ˈläft/ˈrait]
Erste/Zweite Straße The first/second street on the left/right.
links/rechts. [θə ˈföhst/ˈsäknd striht on θə ˈläft/ˈrait]
nah/weit near [niə]/far [fah]
Überqueren Sie … Cross … [ˈkrɔs]
… die Brücke. … the bridge. [θə ˈbridsch]
… den Platz. … the square. [θə ˈskweə]
… die Straße. … the street. [θə ˈstriht]
Ich möchte … mieten. I'd like to hire … [aid ˈlaik tə ˈhaiə]
… ein Auto … … a car. [ə ˈkah]
… ein Fahrrad … … a bike. [ə ˈbaik]
… ein Boot … … a boat. [ə ˈbəut]
offen/geschlossen open [ˈəupn]/closed [kləusd]
drücken/ziehen push [pusch]/pull [pull]
Eingang/Ausgang entrance [ˈäntrəns]/exit [ˈägsit]
Wo sind bitte die Toiletten? Where are the toilets, please?
[ˈweərə θə ˈtoilits plihs]
Damen/Herren Ladies [ˈläidies]/Gentlemen [ˈdschäntlmən]

▮ SEHENSWERTES ▮

Wann ist das Museum When's the museum open?
geöffnet? [ˈwäns θə mjuˈsiəm ˈəupn]
Wann beginnt die Führung? When does the tour start? [ˈwän das θə ˈtuə ˈstaht]
Altstadt the old town [θi_ˈəuld ˈtaun]
Ausstellung exhibition [ˌäksiˈbischn]
Gottesdienst service [ˈsöhwis]
Kirche church [tschöhtsch]
Palast palace [ˈpälis]
Rathaus town hall [ˈtaun ˈhohl]
Stadtplan town map [ˈtaun ˈmäp]
Stadtzentrum city [ˈsiti]/town centre [ˈtaun ˈsäntə]

Montag	Monday [ˈmandäi]
Dienstag	Tuesday [ˈtjuhsdäi]
Mittwoch	Wednesday [ˈwänsdäi]
Donnerstag	Thursday [ˈθöhsdäi]
Freitag	Friday [ˈfraidäi]
Samstag	Saturday [ˈsätədäi]
Sonntag	Sunday [ˈsandäi]
heute/morgen	today [təˈdäi]/tomorrow [təˈmorəu]
täglich	every day [ˈäwri ˈdäi]/daily [ˈdäili]
Wie viel Uhr ist es?	What time is it? [wot ˈtaim_is_it]
Es ist 3 Uhr.	It's three o'clock. [its ˈθrih_əˈklok]
Es ist halb 3.	It's half past two. [its ˈhahf pahst tuh]
Es ist Viertel vor 3.	It's quarter to three. [its ˈkwohtə tə ˈθrih]
Es ist Viertel nach 3.	It's quarter past three. [its ˈkwohtə pahst ˈθrih]

Die Speisekarte, bitte.	May I have the menu, please. [ˈmäi ai häw θə ˈmänjuh plihs]
Ich nehme …	I'll have … [ail häw]
Bitte ein Glas …	A glass of …, please [ə ˈglahs_əw … plihs]
Besteck	cutlery [ˈkatləri]
Messer/Gabel/Löffel	knife [naif]/fork [ˈfohk]/spoon [ˈspuhn]
Vorspeise	hors d'œuvre [oh'döhwr]/starter [ˈstahtə]
Hauptgericht	main course [ˈmäin ˈkohs]
Nachspeise	dessert [di'söht]/sweet [swiht]
Salz/Pfeffer	salt [sohlt]/pepper [ˈpäpə]
scharf	hot [hot]
Ich bin Vegetarier/in.	I'm a vegetarian. [aim a ˌwädschiˈteəriən]
Trinkgeld	tip [tip]
Die Rechnung, bitte.	May I have the bill, please? [ˈmäi ai häw θə ˈbil plihs]

Wo finde ich …	Where can I find … [ˈweə ˈkən_ai ˈfaind]
… eine Apotheke?	… a chemist? [ə ˈkämist]
… eine Bäckerei?	… a bakery? [ə bäikəri]
… ein Kaufhaus?	… a department store? [ə di'pahtmənt stoh]
… ein Lebensmittelgeschäft?	… a food store? [ə ˈfuhd stoh]
… einen Markt?	… a market? [ə ˈmahkit]
Haben Sie …?	Have you got …? [ˈhəw ju got]
Ich möchte …	I'd like … [aid ˈlaik]
Ein Stück hiervon, bitte.	A piece of this, please. [ə pihs əw θis plihs]
Eine Einkaufstüte, bitte.	A bag, please. [ə bäg plihs]

Das gefällt mir (nicht).	I (don't) like it. [ai (dɔunt) laik_it]
Wie viel kostet es?	How much is it? ['hau 'matsch is it]
Nehmen Sie Kreditkarten?	Do you take credit cards?
	[du_ju täik 'kräditkahds]

■ ÜBERNACHTEN ■

Ich habe bei Ihnen ein Zimmer reserviert.	I've reserved a room. [aiw ri'söhwd_ə 'ruhm]
Haben Sie noch Zimmer frei?	Have you got any vacancies? [həw ju got_,äni 'wäikənsis]
ein Einzelzimmer	a single room [ə 'singl ruhm]
ein Doppelzimmer	a double room [ə 'dabl ruhm]
mit Dusche/Bad	with a shower/bath [wiθ ə 'schauə/'bahθ]
Was kostet das Zimmer?	How much is the room? ['hau 'matsch is θə ruhm]
Frühstück	breakfast ['bräkfəst]
Halbpension	half board ['hahf' bohd]
Vollpension	full board ['ful bohd]

■ PRAKTISCHE INFORMATIONEN ■

Können Sie mir einen Arzt empfehlen?	Can you recommend a doctor? [kən ju ,räkə'mänd ə 'doktə]
Ich habe hier Schmerzen.	I've got pain here. [aiw got päin 'hiə]
Ich habe Durchfall.	I've got diarrhoea. [aiw got daiə'riə]
Kinderarzt	pediatrician [,pihdiə'trischn]
Zahnarzt	dentist ['däntist]
Eine Briefmarke, bitte.	One stamp, please. [wan stämp 'plihs]
Postkarte	postcard [pɔuskahd]
Wo ist bitte ...	Where's ..., please? ['weəs ... plihs]
... die nächste Bank?	... the nearest bank ... [θə 'niərist 'bänk]
... der nächste Geldautomat?	... the nearest cashpoint ... [θə 'niərist 'käschpoint]

■ ZAHLEN ■

1	one [wan]	11	eleven [i'läwn]
2	two [tuh]	12	twelve [twälw]
3	three [θrih]	20	twenty ['twänti]
4	four [foh]	50	fifty ['fifti]
5	five [faiw]	100	a (one) hundred [ə ('wan) 'handrəd]
6	six [siks]	200	two hundred ['tuh 'handrəd]
7	seven ['säwn]	500	five hundred ['faiw 'handrəd]
8	eight [äit]	1000	a (one) thousand [ə ('wan) 'θausənd]
9	nine [nain]	1/2	a half [ə 'hahf]
10	ten [tän]	1/4	a (one) quarter [ə ('wan) 'kwohtə]

Corbière Lighthouse vor Jersey

> **UNTERWEGS AUF DEN KANALINSELN**

Die Seiteneinteilung für den Reiseatlas finden Sie auf dem hinteren Umschlag dieses Reiseführers

REISE ATLAS

D   **E**   **F**

1

de la Jaonneuse

Fort Pembroke
Le Plomb   Fort le Marchant
Fort Doyle
L'Ancresse
Bay   Fontanelle
Star Fort   Bay
Pembroke
Bay
La Varde   La Fontanelle
π *Dolmen*   24
Croix Besnard
Le Déhus Dolmen

La Rousse   *Les Fouaillages*
Tower   Ladies Bay   **Clos du**
Baie de   **Valle**
Port Grat   *Le Grand*   Le Marais   π
Havre   La Turque
Baie de   Rousse   La Grève
Réquegre   **VALE**   Cocagne
ST SAMPSON   0.5
La Passée   0.5
Portinfer   30   *Vale Castle*
Bay   6   1.5
oif   1.5   **Bordeaux**
Pleinheaume   0.5
Les Martins   Maraîtaine   1.5
Grandes   *Vale Parish Church*   1.5
Rocques   **L'Islet**
0.5   Oatlands
Vingtaine de   1.5   *Village*   Saltpans   **St Sampson**
L'Epine   Les Annevilles   Grand   *Le Mont*
st   Fort   0.9   *Crevelt Tower*
Houmets   Capelles   *Guernsey*   La Tonelle   South
VALE   Candles   Les Gigands   Side
Model   Le Marais   Spur Point
Saumarez Park   **ST SAMPSON**   0.5
Folk Museum   *World*
Le Villocq   Les Quartiers   *Ivy Castle*
uum   26   Bouet   *(Château des Marais)*   **2**
0.5   La Ramée   2.5   Belle Grève Bay
hone   *Le Friquet Flower*   5.5
Les   *a. Butterfly Centre*   **ST PETER**
el Hospital   **ST**   Beau Séjour   **PORT**
STEL   **PETER PORT**   *Leisure Centre*   Weymouth Poole
Castel   *Guernsey*   Portsmouth
Parish   *Golf*   *Museum*   St Anne (Alderney)   Herm
Church   *Course*   Herm
La Chaumière   The   Harbour
La Monnaie   *Castle Cornet*   Dielette
Saumarez Park   *Government*
Bailiff's   *House*   *Havelet Bay*   Sark
Cross   0.5   St Helier (Jersey) St-Malo
Centre   0.5   *Victor Hugo*   *La Vallette Museum*
ST   *House*   Les Terres Point
ANDREW   **Ville**   Fort   *Clarence* *Guernsey Aquarium*
Four   **au Roi**   George   *Petit*   *Soldier's Bay*
Cabot   0.5   Les Huriaux   **Fort Field**
German   99   Les Hubits   1.5
nderground   *St Martin's Parish Church*
Hospital   Carmel   *La Grandmère du Chimquière*   *Village du*
hapel   0.5   La Beilleuse   *Putron*
Mouilpied   18   *Sausmarez*   Fermain Point
hêne   La Villette   *Manor*   *Fermain Bay*
0.5   **ST**   Calais
Les   **MARTIN**
Pages   La Fosse   *Doyle Column*
ation   Le Petit
Cliff Path   Port   Jerbourg
Petit   Icart   **Moulin Huet**   St Martin's Point
ôt Bay   *Bay*
Portelet   Saint's
Bay   Bay   Jerbourg Point
Icart Point

2

3

4

5

6

1.5   **0.5**   **0.9**   **5.5**   **2.5**

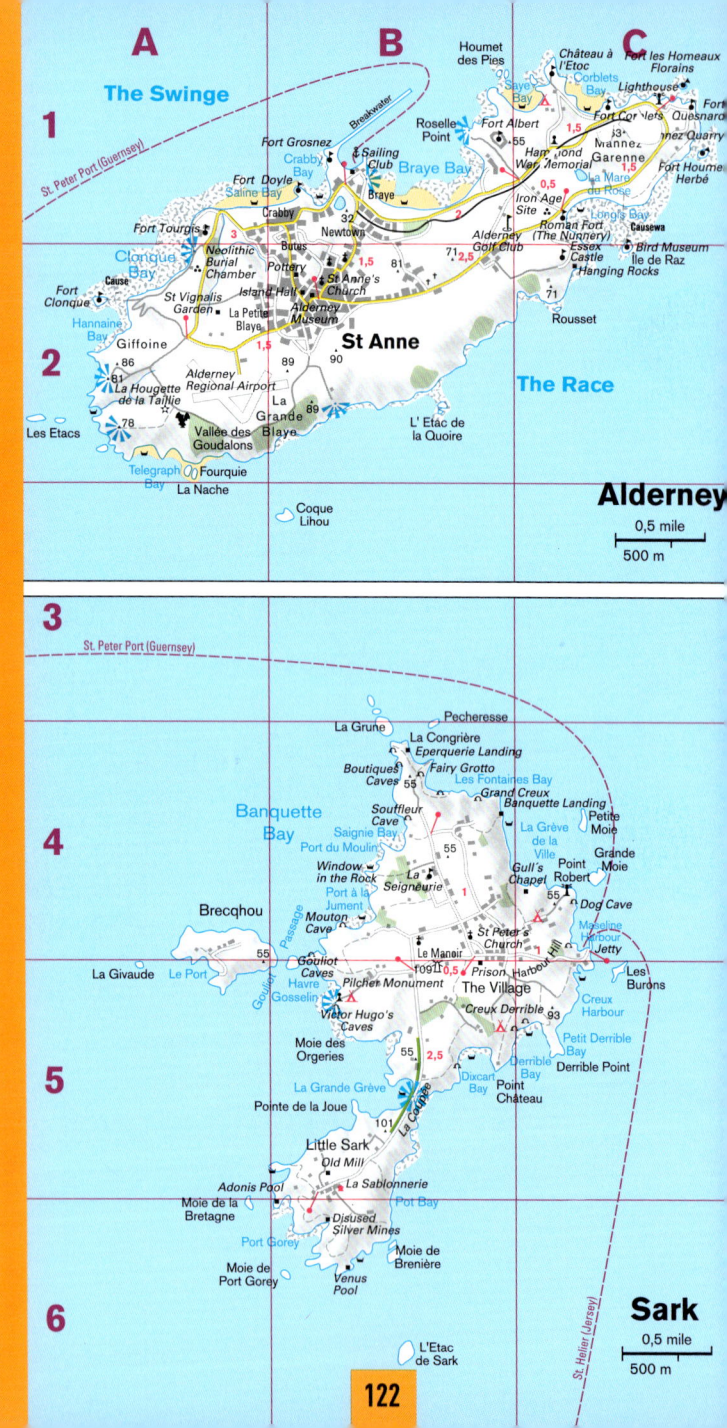

Alderney

A **B** **C**

1 **2** **3** **4** **5** **6**

The Swinge

Houmet des Pies

Château à l'Etoc

Fort les Homeaux Florains

Corblets Bay

Lighthouse

Shye Bay

Fort Corblets

Fort Quesnard

Breakwater

Roselle Point

Fort Albert

Mannez Garenne

mez Quarry

55

Fort Houmet Herbé

Fort Grosnez

Sailing Club

Braye Bay

Hammond War Memorial

La Mare du Rose

1,5

St Peter Port (Guernsey)

Fort Doyle

Crabby Bay

Braye

Iron Age Site

Long's Bay

Fort Saline Bay

Crabby

Braye

0,5

Roman Fort (The Nunnery)

Essex Castle

Fort Tourgis

32

Newtown

Alderney Golf Club

1,5

Bird Museum Ile de Raz

Clonque Bay

Neolithic Burial Chamber

Butes

Pottery

71

2,5

2

81

Hanging Rocks

Cause

Island Hall

St Anne's Church

Fort Clonque

St Vignalis Garden

La Petite Blaye

Alderney Museum

71

Rousset

Hannaine Bay

Giffoine

1,5

St Anne

86

89

90

2

The Race

81

La Hougette de la Taillie

Alderney Regional Airport

89

Les Etacs

78

La Grande Blaye

L' Etac de la Quoire

Vallée des Goudalons

Telegraph Bay

Fourquie

La Nache

Coque Lihou

0,5 mile

500 m

Sark

3

St Peter Port (Guernsey)

La Grune

Pecheresse

La Congrière

Eperquerie Landing

Fairy Grotto

Boutiques Caves

Les Fontaines Bay

55

Grand Creux

Banquette Bay

Souffleur Cave

Banquette Landing

4

Saignie Bay

Port du Moulin

55

La Grève de la Ville

Petite Moie

Window in the Rock

La Seigneurie

Gull's Chapel

Point Robert

Grande Moie

Brecqhou

Port à la Jument

1

55

Dog Cave

Mouton Cave

St Peter's Church

Maseline Harbour Jetty

La Givaude

Le Port

55

Le Manoir

Prison

Harbour Hill

Les Burons

Gouliot Caves

1091

0,5

Creux Harbour

Havre Gosselin

Pilcher Monument

The Village

Creux Derrible

Victor Hugo's Caves

93

Petit Derrible Bay

5

Moie des Orgeries

55

2,5

Derrible Bay

Derrible Point

La Grande Grève

Dixcart Bay

Point Château

Pointe de la Joue

101

La Coupée

Little Sark

Old Mill

Adonis Pool

La Sablonnerie

Pot Bay

Moie de la Bretagne

Disused Silver Mines

Moie de Brenière

Port Gorey

Moie de Port Gorey

Venus Pool

6

L'Etac de Sark

St Helier (Jersey)

0,5 mile

500 m

122

Jersey

0,5 mile

500 m

Jersey

0,5 mile
500 m

D **E** **F**

1

Petit Port
Vicard Point
Pierre de la Fételle
Tas de Geon
Tour de Rozel
Bouley Bay
Nez du Guet
Fort Rozel
L'Etaquerel
Le Câtel
Rozel Bay
Dolmen du Couperon
La Coupe Point
Cliff Path
Jardin d'Olivet
Trinity Parish Church
Le Pulec
Rozel
La Fosse
Fliquet Bay

2

Les Augrès Manor
Ville Brée
Ville ès Nouaux
Fliquet
Les Câteaux Earthwork
Jersey Zoo/Durrell Wildlife Conservation Trust
Rozel Manor
St Catherine's
Verclut Point
St Catherine's Breakwater
Maufant Manor
Croix au Maître
Belval
Martello Tower

3

TRINITY
ST MARTIN
St Martin's Parish Church
La Perelle
St Catherine's Bay
Eric Young Orchid Foundation
Victoria Village (La Boucterie)
Ville ès Gaudins
Archirondel Tower
Hâvre de Fer
Beau Vallon
Maufant
Archirondel
La Crête Point
Anne Port

4

ST SAVIOUR
Carrefour au Clercq
Faldouet
Dolmen de Faldouet
Five Oaks
Agriculture, History and Railway Museum
La Hougue Bie
Ville ès Philippes
Mont Orgueil Castle (Gorey Castle)
St Saviour's Parish Church
Queens Valley Reservoir
Gorey
Gorey Harbour
Beau Désert
Moulin de Bas
Gorey Village
Diélette
Photographic Museum
Le Boulivot
Ville ès Renauds
Fort William

5

Beauvoir
Maison du Haut
GROUVILLE
Le Bourg
Royal Jersey Golf Course
Bagot
Longueville Manor Hotel
Radier
Grouville Parish Church
Fort Henry
Royal Bay of Grouville
Trading Estate
Grouville Arsenal
Grouville
Fauvic
Samarès Manor
Dolmen du Mont Ubé
St Clement's Parish Church
Verclut
Le Hurel

6

Le Squez
ST CLEMENT
Le Hocq
Le Bourg
La Rocque Point
La Mare
Samares
Le Haguais
Pontac
St Clement's Bay
Platte Rocque Point
Le Nez Point
La Motte (Green Island)

Durchgangsstraße Thoroughfare		Route principale Weg voor doorgaand verkeer
Wichtige Hauptstraße Important main road		Route de commun. importante Belangrijke hoofdroute
Hauptstraße Main road		Route de communication Hoofdroute
Nebenstraße Minor road		Routes secondaire Secundaire weg
Verkehrsberuhigt, für Radfahrer geeignet Green Lane		Ruette Tranquille Straatje, van verkeer verregaand ontlast
Autofähre Car ferry		Bac pour automobiles Autoveer
Schifffahrtslinie Shipping route		Ligne de navigation Scheepvaartroute
Schmalspurbahn Narrow gauge		Ligne à voie étroite Smalspoor
Entfernungen in Kilometer Distances in kilometres	10 5 5	Distances en kilometres Afstand-kilometers
Besonders schöner Ausblick Important panoramic view		Point de vue remarquable Mooi uitzicht
Bergspitze mit Höhenangabe in Metern Mountain summit with height in metres	105	Pic avec cote d'altitude en mètres Berg met hoogt in meters
Kirche · Kirchenruine Church · Church ruin		Église · Église en ruines Kerk · Kerkruïne
Kloster · Klosterruine Monastery · Monastery ruin		Monastère · Monastère en ruines Klooster · Kloosterruïne
Schloss, Burg · Schloss-, Burgruine Palace, castle · Palace ruin, castle ruin		Château, château-fort · Château en ruines Kasteel, burcht · Kasteel- of burchtruïne
Turm Tower		Tour Toren
Funk-, Fernsehturm Radio-, TV-tower		Tour radio, tour de télévision Radio of T.V. mast
Leuchtturm Lighthouse		Phare Vuurtoren
Denkmal Monument		Monument Monument
Wasserfall Waterfall		Cascade Waterval
Höhle Cave		Grotte Grot
Friedhof Cemetery		Cimetière Begraafplaats
Ruinenstätte Ruins		Ruines Ruïne
Dolmen Dolmen		Dolmen Dolmen
Menhir Menhir		Menhir Menhir
Grabhügel Cairn		Tumulus Hunebed
Sonstiges Objekt Other object		Autre objet Ander object
Golfplatz Golf-course		Terrain de golf Golfterrein
Schwimmbad · Zeltplatz Swimming pool · Camp		Piscine · Camp de passage Zwembad · Kampeerterrein
Verkehrsflughafen · Regionalflughafen Airport · Regional airport		Aéroport · Aéroport régional Luchthaven · Regionaal vliegveld
Fels Rocks		Rochers Rots
Strand Beach		Plage Strand
Ausflüge & Touren Excursions & tours		Excursions & tours Uitstapjes & tours

Somerville Hotel in St. Aubin, Jersey

REGISTER

Im Register sind alle erwähnten Orte, Sehenswürdigkeiten, Museen, Strände und Ausflugsziele verzeichnet. Halbfette Seitenzahlen verweisen auf den Haupteintrag, kursive auf ein Foto. Bei der Sortierung blieb der Artikel (Le, La, Les) unberücksichtigt.

> SCHREIBEN SIE UNS!

Liebe Leserin, lieber Leser,

wir setzen alles daran, Ihnen möglichst aktuelle Informationen mit auf die Reise zu geben. Dennoch schleichen sich manchmal Fehler ein – trotz gründlicher Recherche unserer Autoren/innen. Sie haben sicherlich Verständnis, dass der Verlag dafür keine Haftung übernehmen kann.

Wir freuen uns aber, wenn Sie uns schreiben.

Senden Sie Ihre Post an die MARCO POLO Redaktion, MAIRDUMONT, Postfach 31 51, 73751 Ostfildern, info@marcopolo.de

IMPRESSUM

Titelbild: Garten und Kirche der Seigneurie auf Sark (LOOK: Kreuzer)
Fotos: Fortress Island Films (15 M.); fotolia.com: De VIce (100 M. l.), Sandor Jackal (15 u.), waybri (101 M. r.); Claire Gaudion (14 o.); Gay Army (12 u.); U. Haafke (U. l., 3 r., 63, 106/107, 127); Harbour View Guest Accomodation: Kelly Keadell (100 o. l.); HB Verlag: Kiedrowski (U. M., 3 l., 3 M., 4 r., 18, 20, 32, 38, 41, 45, 46, 61, 68, 71, 80, 105, 107); Huber: Huber (6/7), Kiedrowski (16/17), Schmid (4 l., 24/25, 93); International Artist in Residence Programme: Antony Gormley (14 u.); R. Irek (2 l., 2 r., 5, 8/9, 11, 27, 34, 48, 58); iStockphoto.com: dwphotos (101 u. r.), Floortje (101 M. l.), Brandon Laufenberg (101 o. l.), KentWeakley (13 u.); V. Janicke (56/57, 85, 86/87, 88, 118/119); Jersey Bodyboarders: Colin Crowther (13 o.); Jersey Tourism (22, 52); Jersey Tourism: D. Harron (28), S. Wellum (54); S. Kuttig (23, 29, 30/31, 42, 50/51, 65, 72, 78/79, 82, 91, 95, 96/97, 102/103, 106); Laif: Heuer (36/37, 104); Laif/Hemispheres: Renault (99); LOOK: Kreuzer (1), Kreuzer (67); Ian MacRae (15 o.); M. Müller (131); H. Reiser (26, 28/29); Restaurant Sirocco (100 u. r.); Skydive Jersey Limited: Alun Griffiths (100 M. r.); O. Stadler (U. r., 19); Visit Guernsey (22/23, 74, 77); Robert Wallis (12 o.)

3. (6.), aktualisierte Auflage 2009
© MAIRDUMONT GmbH & Co. KG, Ostfildern
Chefredaktion: Michaela Lienemann, Marion Zorn
Autoren: Inken Herzig/Martin Müller; Redaktion: Nikolai Michaelis
Programmbetreuung: Cornelia Bernhart, Jens Bey; Bildredaktion: Gabriele Forst, Silwen Randebrock
Szene/24h: wunder media, München
Kartografie Reiseatlas: © MAIRDUMONT, Ostfildern
Innengestaltung: Zum goldenen Hirschen, Hamburg; Titel/S. 1–3: Factor Product, München
Sprachführer: in Zusammenarbeit mit Ernst Klett Sprachen GmbH, Stuttgart, Redaktion PONS Wörterbücher

FÜR IHRE NÄCHSTE REISE

gibt es folgende MARCO POLO Titel:

Der Journalist und Autor Martin Müller hat seine Leidenschaft, das Reisen, zum Beruf gemacht. Die Kanalinseln hat er jährlich im Fokus.

Wie haben Sie die Kanalinseln entdeckt?

Victor Hugo war schuld – und meine Vorliebe für Inseln. Der französische Autor musste ins politische Exil, zunächst auf Jersey, dann auf Guernsey. Last Exit Kanalinseln für einen Mann von Welt. Ich recherchierte und verliebte mich in diese von enormen Gezeitenunterschieden gezeichneten und vom milden Golfstrom umspülten Eilande, auf denen sich französische Küche, englische Skurrilität und die zwar kurze, aber prägende deutsche Besatzung wie in einem Treibhaus miteinander verwoben. Die Insulaner sind Pragmatiker und Piraten: Sie nehmen, was sie kriegen können, und machen kreativ das Beste aus ihrer Situation. Dagegen ist das Festland fast schon langweilig!

Sollte man alle fünf Inseln besuchen?

Absolut! Sie erinnern an eifersüchtige Geschwister, die alle anders sein wollen. Ihre verschiedenen Gestalten geben ihnen recht: Jersey wirkt fast gebirgig, Guernsey ist ein grandioser Garten, Sark erinnert an einen gekenterten Vulkan, Herm ist ein Stück Südsee, Alderney das Aschenputtel mit ganz viel Seele.

Was überwiegt: das Englische oder das Französische?

Gottseidank das Englische. Denn nur Engländer haben dieses leicht Verschrobene im Blut. Und niemand gärtnert so wie sie, niemand reagiert so verstört, wenn sie die Sonne bescheint. Das Französische ist als Insel-Make-up genau richtig dosiert.

Und was gefällt Ihnen nicht so?

Insgesamt sind die Inseln leider teuer: Die Anreise ist nur im Sommer direkt möglich, und für inselverrückte Selbstversorger gibt es nicht viele Möglichkeiten, etwa ein Strandhäuschen zu mieten, um eine Woche privat und preisgünstig zu genießen.

Ihr schönstes Kanalinselerlebnis?

Bei Ebbe zu Jerseys Seymour Tower rauslaufen, Austern von Felsen hebeln und sie schlürfen, wenn die Flut aufläuft, dann in den Turm flüchten und den Sonnenuntergang genießen.

Welche Inseln weltweit sind Ihre Favoriten?

Jersey, Guernsey, Sark, Herm und Alderney. Dann noch Stewart Island und La Réunion. Und Terschelling.

Ihr schönstes Inselsouvenir?

Ein dickes, salzverkrustetes Stück Tau vom Strand. Das überbrückt die Zeit auf dem Festland.

> BLOSS NICHT!

Ein paar Tipps, damit Sie sich Urlaubslaune und Kleidung nicht ruinieren

Unvorsichtig baden

Mal eben hinter den Felsen ein schnelles Bad im Meer nehmen oder einen Ausflug auf die Felsen, um in Tümpeln nach Seetieren zu suchen: Das kann damit enden, dass man Tage später an der Südküste Englands angeschwemmt wird. Die Gezeiten und Strömungen im Ärmelkanal sind geschwind und urgewaltig. Sie sollten das Baden auf die zugelassenen und bewachten Strände beschränken. Wann man auf Inselerkundungen ungefährdet den Küstensaum erwandern kann, erfahren Sie aus dem Gezeitenplan, der in den Touristeninformationen in St. Helier und St. Peter Port und in vielen Hotels und Pubs auf den Inseln ausliegt.

Mit dem Auto auf die Inseln

Die Straßen auf den Kanalinseln sind schmal und sehr kurvig. Deshalb sollten Sie sich nicht für einen großen Mietwagen entscheiden. Wer einen Abstecher vom nahen Frankreich auf die Inseln plant, bringt seinen Wagen am besten gar nicht erst mit. Für Besichtigungen und Ausflüge auf Jersey und Guernsey empfehlen sich die inselweit verkehrenden Busse. Wer dennoch Auto fährt, darf am Kreisverkehr nicht zaudern: Man fährt im Reißverschlusssystem, auf den Inseln *filter* genannt, in den Kreisel ein. Also immer dann mutig einscheren, wenn Sie ein Fahrzeug aus der Vorfahrtsrichtung gerade haben passieren lassen. Sonst blockieren Sie den Verkehr.

Vögeln zu nahe kommen

Von Mai bis Juli steuern zahlreiche Seevogelarten die Kanalinseln zum Nisten an. Man fühlt sich mancherorts an den berühmten Thriller von Alfred Hitchcock erinnert. Während Möwen, Lummen, Alke, Krähenscharben u. a. in den Klippen ihre Familie gründen und die Papageitaucher in der Mehrzahl auf einem Felsen vor Alderney hausen, rücken einem etwa verärgerte Mantelmöwen schon mal auf den Leib – im Sturzflug verteidigen sie ihre Brutreviere. Kommen Sie aber einem Eissturmvogel (englisch *fulmar*) zu nahe, kann es schon zu spät sein: Die schweigsamen Kunstflieger nisten auch dort, wo Wanderers Fuß unterwegs ist. Das ist nicht ganz folgenlos, denn die Vögel können sich auf die Wirkung einer Stinkbombe verlassen, die sie hervorwürgen und 2 m weit spucken. Der ölige Fleck ruiniert die Hose und stinkt zum Himmel – den geplanten Lunchstopp im Restaurant können Sie streichen. Die Nester an grasigen Hängen und am Strand verraten sich durch bereits sichtbar verschossene Spritzer vor dem Nest.

Den Zweiten Weltkrieg tabuisieren

„Don't mention the war" gilt auf den Inseln nicht. Die fünfjährige Besatzungszeit hat nicht bloß Betonspuren hinterlassen. In ein paar privaten Museen drückt sich eine regelrechte Sammelleidenschaft aus. Die meisten Insulaner betrachten jene Zeit ohne spürbare Ressentiments gegenüber Deutschen.